Dagelijks Sterk!

Fred Sterk & Sjoerd Swaen

Inhoud

Inleiding

In dit inspirerende 'geluksdagboek' hebben we de belangrijkste kennis en inzichten uit al onze eerdere zelfhulpboeken verzameld. Gerangschikt naar de seizoenen, maanden en dagen van het jaar. De positieve suggesties helpen je om sterker en vollediger te leven.

Mag je zijn wie jij bent? Onafhankelijk, vrij en met voldoende persoonlijke en professionele ruimte? Onderbreek je dagelijkse gedachtestroom met een van de 365 teksten voor meer innerlijke rust, authenticiteit en optimisme.

Het leven is zeker niet gemakkelijk. In iedere levensfase wisselen golven van groei, ontwikkeling, bewustwording, verlies, volharding en beloning elkaar af. Met steeds hogere en meer betekenisvolle doelen en met meer meesterschap, bewustzijn, bagage en vertrouwen kom je in elke fase iets verder.

Ter ondersteuning van en uit respect en waardering voor jouw reis hebben we dit boek geschreven. Het helpt je om integer achter je keuzes en acties te kunnen staan. Leer iedere dag voluit bewust te leven, zodat je jaarlijks, tevreden kunt constateren dat je er alles uit hebt gehaald wat er voor jou in zat. Dat wensen we je met liefde toe.

Januari

1 januari

Als mensen zouden beseffen wie ze werkelijk waren, zouden ze nooit meer verstrikt raken in pogingen zich van elkaar te onderscheiden. Ieder mens is uniek. Durf er gewoon te zijn en je leven te leiden. Je hoeft niet te vechten om jezelf te rechtvaardigen. Laat je leiden door de behoefte aan een zo volledig mogelijk leven. Je zult vooral moeten leren jezelf te steunen en aan te moedigen. Dit noemen we het bevestigen van je eigenwaarde.

*Waar ben je **vandaag** dankbaar voor, blij mee, trots op of tevreden over?
*Geef deze dag een **gelukscijfer**:

2 januari

Zelfwaardering betekent letterlijk: waarde aan je zelf toekennen. Met andere woorden, je geeft een oordeel over wie je bent. Wij, mensen, zijn in staat ons bewust te zijn van wie we zijn: wat we denken, voelen en doen. We kunnen onze identiteit vaststellen en beslissen of we daarmee tevreden zijn. Met een optimale zelfwaardering voel je je veilig, in balans, vol zelfvertrouwen en tevreden over wie je bent.

*Waar ben je **vandaag** dankbaar voor, blij mee, trots op of tevreden over?
*Geef deze dag een **gelukscijfer**:

3 januari

Waarom is het irrationeel om in angst te leven voor afkeuring en kritiek?

Omdat kritiek of afkeuring niet méér is dan de mening van een ander. Omdat puberale afwijzing *nooit* mijn schuld kan zijn. Stel dat iemand mij te lang, dun, dik, jong, oud, slim, lief, passief, agressief enzovoort vindt en me daarom afwijst, is dat dan mijn schuld? Natuurlijk niet. Diegene wijst me af naar aanleiding van zijn persoonlijke interesse en smaak. De één lust appelgebak, de ander slagroomgebak. Betekent dat dan dat het slagroomgebak niet lekker is?

*Waar ben je **vandaag** dankbaar voor, blij mee, trots op of tevreden over?
*Geef deze dag een **gelukscijfer**:

4 januari

Bedenk dat ieder mens in zijn leven moet leren met 'verleidingen' om te gaan. We zoeken allemaal naar een gezonde manier om met onze wensen en impulsen om te gaan. In onze kindertijd werd er voor ons gedacht. Onze opvoeders bepaalden wat we wel en niet mochten en beschermden ons tegen gevaren. Op een dag waren we (bijna) volwassen en werden we geconfronteerd met allerlei dingen die we opeens wel mochten. Het is een hele kunst om met zo'n overdaad aan verleidingen om te gaan.

*Waar ben je **vandaag** dankbaar voor, blij mee, trots op of tevreden over?
*Geef deze dag een **gelukscijfer**:

5 januari

Minderwaardigheidsgevoelens 'bewijzen' niet dat je echt minder waard bent, ze laten slechts zien dat je nog niet geleerd hebt jezelf te accepteren en te waarderen! Heb je er bij stilgestaan, wat jij voor anderen kunt betekenen? Ben je in staat om anderen genegenheid te geven en ze te laten blijken dat zij voor jou bijzonder zijn? Misschien is die eigenschap vele malen waardevoller dan anderen te laten zien hoe goed je bent. Liever een feilbaar mens met gevoel, dan een perfecte 'ijskast'.

*Waar ben je **vandaag** dankbaar voor, blij mee, trots op of tevreden over?
*Geef deze dag een **gelukscijfer**:

6 januari

Een klein kind zal pas trots en tevreden zijn als het ervaart dat het zelf iets kan of geleerd heeft. Juist dit gevoel is het beste tegengif tegen angst en onzekerheid. Veiligheid komt van het besef dat we iets kunnen, dat we in staat zijn ons leven te veranderen. Zelfs het kleinste gevoel van competentie of bekwaamheid stelt ons in staat effectiever te handelen en helder te denken. Wanneer je kunt zeggen: 'Dit is me gelukt,' ervaar je een zekere innerlijke rust.

*Waar ben je **vandaag** dankbaar voor, blij mee, trots op of tevreden over?
*Geef deze dag een **gelukscijfer**:

7 januari

Op de momenten dat je gekwetst bent, is het zaak je aandacht te blijven richten op datgene waar je om geeft. Als je je doelen niet kunt bereiken omdat er van alles in de weg staat, is het verstandiger om manieren te bedenken waarop je ze wel kunt bereiken. In plaats van op te geven of al je energie te verspillen aan het blind vechten tegen datgene wat je weg blokkeert. Je kunt je boosheid gebruiken als een signaal dat je constructieve actie moet ondernemen.

*Waar ben je **vandaag** dankbaar voor, blij mee, trots op of tevreden over?
*Geef deze dag een **gelukscijfer**:

8 januari

Geduld en uithoudingsvermogen kunnen niet zonder elkaar, het zijn twee onafscheidelijke partners. Als je je tijd goed weet in te delen is er ruimte genoeg. Kun je elke opdracht opdelen in een serie kleine, simpele, deeltaken die je een voor een aanpakt? Laat je niet te veel imponeren door een eindopdracht. Je loopt ook niet een supermarkt binnen om vertwijfeld uit te roepen dat je alles tegelijk moet opeten.

*Waar ben je **vandaag** dankbaar voor, blij mee, trots op of tevreden over?
*Geef deze dag een **gelukscijfer**:

9 januari

Denk nooit dat je niet goed genoeg bent als je een baan niet aangeboden krijgt. Een afwijzing kan alleen maar betekenen dat de ander jouw capaciteiten (nog) niet gezien heeft. Alleen om die reden is het al goed dat hij/zij een ander koos. Vertrouw erop dat later iemand *jou* zal aannemen. Dan pas kun je volledig uit de verf komen. Voor banen geldt hetzelfde als in de liefde, waarom zou je iets of iemand willen die *jou* niet ziet staan?

*Waar ben je **vandaag** dankbaar voor, blij mee, trots op of tevreden over?
*Geef deze dag een **gelukscijfer**:

10 januari

Datgene wat je ziet in de spiegel heeft alles te maken met je *lichaamsbeeld*. Je uiterlijk is *niet* hetzelfde als je lichaamsbeeld. Tussen je uiterlijk en je lichaamsbeeld kan een grote afstand zitten. Ons spiegelbeeld heeft vaak niets met de werkelijkheid te maken, het is een verzameling van herinneringen, wensbeelden en soms regelrechte waarnemingsfouten. Een negatief lichaamsbeeld gaat altijd gepaard met gedachten, gevoelens, gedragingen en een kijk op jezelf die je naar beneden halen.

*Waar ben je **vandaag** dankbaar voor, blij mee, trots op of tevreden over?
*Geef deze dag een **gelukscijfer**:

11 januari

Elke keer dat je in je verbeelding *voelt en ziet* wat je wilt bereiken, breng je je doelen in de werkelijkheid dichterbij. Betrek dus *je gevoel* bij de voorstellingen. Zie jezelf bijvoorbeeld niet alleen als geslaagd, maar voel ook de trots, het succes, de opwinding en de opluchting over het feit dat je het gehaald hebt. Sterke positieve gevoelens geven je onbewust de opdracht blokkades op te ruimen en dichterbij te brengen wat je wilt.

*Waar ben je **vandaag** dankbaar voor, blij mee, trots op of tevreden over?
*Geef deze dag een **gelukscijfer**:

12 januari

Wij mensen vinden het vervelend dingen te doen die moeten. Niets moet, behalve 'niet moeten'. Met moeten bereik je juist het tegenovergestelde van motivatie, het roept weerstand op. Je kunt beter wens- of voorkeursdenken toepassen. Dit betekent dat je flexibele ideeën hebt over je eigen leven en je toekomst. Dat je de gevolgen van het niet halen van bepaalde normen of doelen redelijk en vergevingsgezind benadert.

*Waar ben je **vandaag** dankbaar voor, blij mee, trots op of tevreden over?
*Geef deze dag een **gelukscijfer**:

13 januari

Vanaf de eerste dag dat je je voorneemt iets te worden, ben je het al. Je hoeft het alleen maar in de buitenwereld 'in te vullen' als in een soort kleurplaat. Achter alles wat je wilt worden kun je i.o. (in opleiding) zetten. Arts? In opleiding! Docent(e)? In opleiding! Acteur of actrice? In opleiding! Computerdeskundige m/v? In opleiding! Et cetera. Het begint al op de kleuterschool. Net zolang tot je je gewenste doel bereikt hebt en zelfs als je het nooit haalt. Hoe lang je erover doet is van ondergeschikt belang, iedereen heeft zijn eigen tempo.

*Waar ben je **vandaag** dankbaar voor, blij mee, trots op of tevreden over?
*Geef deze dag een **gelukscijfer**:

14 januari

Zou je meer willen weten over de, voor jou, meest fascinerende mensen? Hun geheimen willen zien, hun ideeën en theorieën willen horen, praten over alles wat ze weten en ontdekt hebben in hun leven? Zou je dat ook willen bij mensen die er allang niet meer zijn? Je kunt ze 'mentaal ontmoeten' zonder dat je ze ooit echt hoeft te zien. Veel mensen die iets interessants te melden hebben, die belangrijke kennis hebben vergaard, hebben dat opgeschreven in een boek.

*Waar ben je **vandaag** dankbaar voor, blij mee, trots op of tevreden over?
*Geef deze dag een **gelukscijfer**:

15 januari

Kritiek is een vorm van *gratis* advies. Met een redelijk zelfbeeld is kritiek te verdragen en levert het je meer op. Kritiek zegt alleen maar iets over 'stukjes' van wie je bent (gedrag). De inhoud van kritiek kan gekleurd zijn door degene die de kritiek geeft. Kritiek kan ook te maken hebben met ontevredenheid over de relatie. Vraag om verduidelijking en laat onterechte kritiek liggen. Bespreek wanneer kritiek aanblijft de relatie.

*Waar ben je **vandaag** dankbaar voor, blij mee, trots op of tevreden over?
*Geef deze dag een **gelukscijfer**:

16 januari

Zolang je iemand de kans blijft geven tegen jou te vechten, hoeft hij/zij niet naar zichzelf te kijken. Als je de moed hebt als eerste je kritiek op het probleemgedrag los te laten, dwing je indirect de ander er zelf de verantwoordelijkheid voor te nemen. Ook al zou het effect op het probleem wegblijven, je krijgt met deze paradoxale aanpak op zijn minst zelf iets meer rust. Je hoeft je er niet meer zo druk over te maken.

*Waar ben je **vandaag** dankbaar voor, blij mee, trots op of tevreden over?
*Geef deze dag een **gelukscijfer**:

17 januari

Het leven is vaak niet makkelijk. Vaak helpt het om een positieve en optimistische kijk op de wereld te houden, maar dat betekent niet dat je daardoor gevrijwaard blijft van tegenslag. Je leert er hooguit beter mee om te gaan. Elke levensgebeurtenis bevat een les. Ook al zitten we meestal niet op 'pijnlijke' levenslessen te wachten.

*Waar ben je **vandaag** dankbaar voor, blij mee, trots op of tevreden over?
*Geef deze dag een **gelukscijfer**:

18 januari

Terugkijken naar je levensverhaal kan jezelf en anderen verder helpen en soms letterlijk genezen. Het verleden is pas echt het verleden als je er bewust voor kiest om het achter je te laten. Maak en koester de herinneringen aan mensen en gebeurtenissen die belangrijk voor je zijn. Haal bewust terug wat ze voor je betekenen en wat ze je *gegeven* hebben.

*Waar ben je **vandaag** dankbaar voor, blij mee, trots op of tevreden over?
*Geef deze dag een **gelukscijfer**:

19 januari

Bij ziektevrees plak je het meest ernstige etiket op de lichamelijke klachten die je voelt. Je stelt direct de meest ernstige diagnose. Zijn er echt geen alternatieve en redelijke verklaringen voor je klachten? Gelukkig weet een huisarts prima alle symptomen objectief in kaart te brengen en er met professionele kennis en ervaring naar te kijken. *Wellicht is het goed iets van zo'n kalme houding over te nemen bij het kijken naar je eigen klachten.*

*Waar ben je **vandaag** dankbaar voor, blij mee, trots op of tevreden over?
*Geef deze dag een **gelukscijfer**:

20 januari

Voor extra doorzettingsvermogen is het belangrijk jezelf niet langer meer te hersenspoelen met de negatieve overtuiging dat je 'nooit iets af kunt maken'. Zolang je dat blijft denken, kan er weinig veranderen. Probeer meer functioneel en positief te denken, bijvoorbeeld: ik kan en zal, stap voor stap, mijn (eind)doelen bereiken.

*Waar ben je **vandaag** dankbaar voor, blij mee, trots op of tevreden over?
*Geef deze dag een **gelukscijfer**:

21 januari

Iedereen die het aandurft zijn/haar eigen spookverhalen los te laten en het echte verhaal van zijn eigen leven te accepteren, zal meer geluk en voldoening ervaren. Wie leert te berusten, kan zichzelf volledig accepteren en ontdekken dat onze essentie, onze diepste waarde, uit liefde bestaat. Niet uit onze angstgedachten.

*Waar ben je **vandaag** dankbaar voor, blij mee, trots op of tevreden over?
*Geef deze dag een **gelukscijfer**:

22 januari

Het is een misvatting te denken dat obsessief met je gewicht bezig zijn je ooit tevreden of gelukkig maakt. Je uitsluitend richten op je uiterlijk is een doodlopende weg. Er zijn misschien wel honderden, betere en gezondere manieren om goede gevoelens en meer zelfvertrouwen te krijgen. Waarbij je helemaal niet hoeft te proberen er perfect of als iemand anders uit te zien. Om je goed over jezelf te voelen zou je kunnen beginnen met je lichaam met meer liefde en respect te behandelen.

*Waar ben je **vandaag** dankbaar voor, blij mee, trots op of tevreden over?
*Geef deze dag een **gelukscijfer**:

23 januari

Maar weinig mensen zijn gewend vol overgave, gedreven en ambitieus, het niet-handelen na te streven. De kunst van het nietsdoen kan ons boven alle gewone, dagelijkse inspanning uit tillen naar een hoger niveau van aanvaarding, voldoening en innerlijke rust.

• Verveling = vergeten niets te doen.

• Rust nemen en relativeren scheppen ruimte voor reflectie en/of positief denken.

*Waar ben je **vandaag** dankbaar voor, blij mee, trots op of tevreden over?
*Geef deze dag een **gelukscijfer**:

24 januari

Wie leert een kind dat het minderwaardig is? Dat is nou niet bepaald een gezonde opbouwende opvoedingsstijl. Als bewijs voor jou vermeende tekortkomingen kan het niet dienen; wel als aanwijzing dat er in je leven als kind, door allerlei omstandigheden waar je zelf geen invloed op had, van alles mis is gegaan. Het meest voor de hand liggend is dat de negatieve mensen uit je jeugd zelf een groot probleem hadden.

*Waar ben je **vandaag** dankbaar voor, blij mee, trots op of tevreden over?
*Geef deze dag een **gelukscijfer**:

25 januari

Leer genoegen te nemen met niet-perfecte tussenresultaten. Je jaagt niet op de eretitel of eerste prijs, maar werkt aan vooruitgang. De inspanning, het tussenstapje en je voornemen is wat telt en voorlopig nog lang niet het perfecte einddoel.

*Waar ben je **vandaag** dankbaar voor, blij mee, trots op of tevreden over?
*Geef deze dag een **gelukscijfer**:

26 januari

Als je iedere dag een paar kleine dingen doet voor je droomdoel, betekent dat dat je grote sprongen vooruit maakt. Als je dagelijks vijf bladzijden uit een boek leest, dan heb je aan het eind van het jaar 1825 bladzijden gelezen. Dat zijn ongeveer zeven boeken per jaar. Hoeveel boeken lees je nu? Tijd en de geduldige bijdrage van relatief eenvoudige bezigheden doen wonderen.

*Waar ben je **vandaag** dankbaar voor, blij mee, trots op of tevreden over?
*Geef deze dag een **gelukscijfer**:

27 januari

De meest indrukwekkende leerervaringen zijn meestal het product van je dagelijkse activiteiten, hoe banaal die soms ook lijken. Achter een hele reeks van inspanningen en/of werkfrustraties volgen vaak ook de waardevolle persoonlijke beloningen, voldoening en trots. Werken biedt een groot potentieel aan emotionele groeimogelijkheden en je krijgt er nog voor betaald ook! Werken = persoonlijke ontwikkeling.

*Waar ben je **vandaag** dankbaar voor, blij mee, trots op of tevreden over?
*Geef deze dag een **gelukscijfer**:

28 januari

Kwaliteit van werken heeft alles met de juiste dosering van taken te maken. Zelfgekozen variaties in bezigheden houden je tegelijkertijd scherp en ontspannen. Switch tussen bezigheden, laat iets onafgemaakt liggen en richt je aandacht op iets anders. Wissel van plek, loop en beweeg tussendoor, sluit af en toe je ogen een paar minuten om indrukken op te slaan en te verwerken. Creëer rust of doe net iets meer naarmate je daar behoefte aan hebt.

*Waar ben je **vandaag** dankbaar voor, blij mee, trots op of tevreden over?
*Geef deze dag een **gelukscijfer**:

29 januari

Ik ben in staat de onredelijke eisen en verwachtingen van anderen tot normale, haalbare, proporties terug te brengen. Het leven is geen wedstrijd en ik kan het verdragen als een ander ook eens iets hoger eindigt. Ik draag mijn menselijkheid en tekortkomingen met trots en durf te laten zien dat ik, net als iedereen, verre van volmaakt ben. Perfectie lijkt het allerhoogste doel, maar er zijn betere alternatieven.

*Waar ben je **vandaag** dankbaar voor, blij mee, trots op of tevreden over?
*Geef deze dag een **gelukscijfer**:

30 januari

Mensen hebben elkaar nodig. Bijna alle problemen in relaties ontstaan doordat we van anderen eisen dat ze veranderen. Maar je kracht en controle in relaties kunnen alleen maar groeien als je bereid bent de focus *niet* op de ander te richten. Je kunt uitsluitend jezelf veranderen, nooit iemand anders. Hoe eerder je dat goed tot je door laat dringen, hoe beter je in staat zult zijn je (relatie)doelen te bereiken.

*Waar ben je **vandaag** dankbaar voor, blij mee, trots op of tevreden over?
*Geef deze dag een **gelukscijfer**:

31 januari

Elke nieuwe succes-etage kent haar eigen problemen. Wat je ook wilt bereiken, spreek met jezelf af dat je er vol overgave aan zult werken. Meer kun je niet doen. Het heeft weinig zin te denken dat de concurrentie te groot is of dat er al te veel anderen met dezelfde doelen zijn. *Jij hoeft maar één keer jouw doelen te halen.*

*Waar ben je **vandaag** dankbaar voor, blij mee, trots op of tevreden over?
*Geef deze dag een **gelukscijfer**:

Februari

1 februari

De volgende positieve bevestigingen zijn voorbeelden van dingen die je tegen jezelf kunt zeggen om je interne criticus op een afstand te houden.
– Ik mag trots zijn op mezelf, op elk klein stapje dat ik zet.
– Ik heb lief, ik probeer te overleven en iets te betekenen, ik ben een goed mens.
– Niets of niemand kan mijn waarde aantasten.
– Ik ben net zo waardevol als ieder ander mens.
– Mijn zelfwaardering begint bij het accepteren van wie ik ben, ik mag er zijn.

*Waar ben je **vandaag** dankbaar voor, blij mee, trots op of tevreden over?
*Geef deze dag een **gelukscijfer**:

2 februari

Verandering kan bedreigend lijken. Belemmerende gewoonten kunnen zo vertrouwd zijn geworden dat je er, vol zelfonderschatting, aan toe blijft geven; alsof je steeds terugkeert naar de plekken die je het beste kent. In elke vorm van (zelf)therapie of coaching is het van essentieel belang nieuwe hoop op een beter zelfbeeld en een betere toekomst te geven. Eigenschappen als moed, vertrouwen en kalmte kun je ontwikkelen en trainen. Het is haalbaar je natuurlijke aangeboren kwaliteiten en emotionele kracht te (her)ontdekken.

*Waar ben je **vandaag** dankbaar voor, blij mee, trots op of tevreden over?
*Geef deze dag een **gelukscijfer**:

3 februari

Elke dag zijn er vele kansen om jezelf te verbeteren; zolang je in jezelf blijft geloven, kun je groeien. Laat je niet ontmoedigen door kritiek. Het ene wat je maakt zal bij wijze van spreken een hit worden, het andere nooit. De ene kunstenaar wordt tijdens zijn leven geëerd, de ander pas na zijn dood en weer een ander helemaal niet. Mensen die vandaag iets afkeuren, kunnen er morgen mee weglopen. Je hebt geen controle over het oordeel van anderen, maar je hebt wel controle over je eigen inspanningen. Ga rustig verder met het werken aan je doelen!

*Waar ben je **vandaag** dankbaar voor, blij mee, trots op of tevreden over?
*Geef deze dag een **gelukscijfer**:

4 februari

Ga verleiders uit de weg. Maak jezelf niet lekker door bijvoorbeeld naar tv-programma's of reclames te kijken die het 'verslavingsgevoel' in je wakker maken. Probeer niet nieuwsgierig te kijken naar hoe anderen hun verslavingsgedrag uitvoeren. Hoe vaker je het ziet, des te groter wordt de kans dat je zelf weer voor de bijl gaat. Je ziet dan namelijk alleen maar de buitenkant, het lijkt dan allemaal zo 'leuk en onschuldig'. Trap er niet in.

Probeer te leren van mensen die hun verslaving hebben overwonnen.

*Waar ben je **vandaag** dankbaar voor, blij mee, trots op of tevreden over?
*Geef deze dag een **gelukscijfer**:

5 februari

Om de 'onzekerheidsspiraal' te doorbreken moet je aan het begin van de spiraal beginnen: je richten op wat je ziet en hoort, in plaats van op wat je *denkt* dat je ziet en hoort. Uitgaan van je observaties in plaats van je interpretaties scheelt veel onnodig piekeren. Als tweede stap kun je vraagtekens leren zetten bij je 'angstige' interpretaties, zodat je mogelijkheid tot relativeren groter wordt. Goed observeren stelt je in staat je ideeën aan de werkelijkheid te toetsen.

*Waar ben je **vandaag** dankbaar voor, blij mee, trots op of tevreden over?
*Geef deze dag een **gelukscijfer**:

6 februari

Musici, schrijvers, schilders en dichters profiteren het meest van hun inspiratie als ze hun zelfbeoordeling achterwege laten. Zij durven iets van hun 'kwetsbare' innerlijke belevingen aan de buitenwereld te tonen. Iemand die geestelijk actief is en zijn eigen unieke kracht ontdekt, zal minder behoefte hebben aan het controleren van zijn omgeving en zal minder dwangmatig bezig zijn met hoe hij op anderen overkomt.

*Waar ben je **vandaag** dankbaar voor, blij mee, trots op of tevreden over?
*Geef deze dag een **gelukscijfer**:

7 februari

Anderen zullen hun gedrag alleen willen veranderen als ze daar zelf ook de voordelen van zien. Als denkoefening kun je nagaan hoe je het gewenste gedrag bij anderen kunt belonen én hoe je tegelijkertijd kunt accepteren dat zij de wereld nu eenmaal anders waarnemen dan jij. Mensen hebben dezelfde basisbehoeften en verlangens. Iedereen zoekt geluk, liefde, erkenning en voldoening. Elk mens heeft zijn eigen dromen.

*Waar ben je **vandaag** dankbaar voor, blij mee, trots op of tevreden over?
*Geef deze dag een **gelukscijfer**:

8 februari

Zodra je overweldigd wordt door je taken, zodra je gaat denken dat wat je moet doen zo belangrijk is dat alles ervoor moet wijken of dat jij onmisbaar wordt, is er maar een remedie: *uitrusten*. Het is de beste manier om ook onder grote druk kalm en geconcentreerd te blijven. We zitten met z'n allen op een goudmijn van energie zonder dat ons bewust te zijn. De enige manier om er kracht uit te halen is door zeer regelmatig uit te rusten en de accu weer op te laden.

*Waar ben je **vandaag** dankbaar voor, blij mee, trots op of tevreden over?
*Geef deze dag een **gelukscijfer**:

9 februari

Stel dat de kans op een aantrekkelijke baan één op twintig is. Je zult er dan *minimaal* twintig keer op uit moeten om aangenomen te worden. Als je je na de eerste afwijzing laat ontmoedigen, kost het teveel tijd voordat je er weer op uit durft te gaan. Blijf solliciteren, blijf 'afwijzingen' verzamelen, net zolang tot het een keer *wel* lukt. In een *sollicitatieproces* zul je barrières moeten nemen. Net zolang tot die ene succeservaring komt, en die komt....als je maar doorzet.

*Waar ben je **vandaag** dankbaar voor, blij mee, trots op of tevreden over?
*Geef deze dag een **gelukscijfer**:

10 februari

Hoe je vindt dat je eruitziet, wordt in grote mate bepaald door de *relatie* die je met je eigen lichaam en uiterlijk hebt. Net zoals in vriendschaps-, liefdes- of familierelaties, kan de relatie met je eigen lichaam verstoord zijn. Je uiterlijk is onmiskenbaar een deel van wie je bent. Maar je *lichaamsbeeld* is een ander en waarschijnlijk belangrijker deel van jezelf. Het wordt tijd dat je, ook voor de spiegel, opkomt voor wie je echt bent.

*Waar ben je **vandaag** dankbaar voor, blij mee, trots op of tevreden over?
*Geef deze dag een **gelukscijfer**:

11 februari

Meestal voel je direct dat je door te doen waar je hart naar uitgaat, tegelijkertijd hogere en grotere doelen dient. Alsof je opgenomen wordt in een brede, rustige stroming die goed voor jou en anderen is. Volg je intuïtie, wensen en dromen, ze kunnen *nooit* ongegrond zijn, omdat ze rechtstreeks leiden naar zingeving en je eigen *levensbestemming*.

*Waar ben je **vandaag** dankbaar voor, blij mee, trots op of tevreden over?
*Geef deze dag een **gelukscijfer**:

12 februari

Vanuit *willen* ontstaat *wilskracht*, 'moet-kracht' bestaat niet. Je wilt iets bereiken. Je neemt je dingen voor omdat je vooruit wilt komen, iets wilt leren. Bedenk dat je *vrijwillig* vooruit wilt en dat jou dat iets oplevert. Probeer enthousiasme en positieve doelen voor ogen te houden. Zorg dat je er als het ware door wordt aangetrokken. Dat werkt beter dan 'dwang of moeten' te gebruiken om jezelf te motiveren. Positieve doelen zijn beter dan regels en dwang.

*Waar ben je **vandaag** dankbaar voor, blij mee, trots op of tevreden over?
*Geef deze dag een **gelukscijfer**:

13 februari

Het gebruik van positieve persoonlijke reclameboodschappen *(bijvoorbeeld: 'ik ben goed, gezond en gelukkig')* is een zeer krachtige methode die vaak tot wonderbaarlijke resultaten leidt. Door de constante herhaling schakelen ze de negatieve twijfels uit en herstelt je zelfvertrouwen zich. Door ze uit te spreken, eraan te denken en ze op te schrijven word je op allerlei gebieden sterker, zowel fysiek als mentaal. Ook al geloof je er nog niet helemaal in. Ze kalmeren en bemoedigen het meest bange en kwetsbare deel in jezelf.

*Waar ben je **vandaag** dankbaar voor, blij mee, trots op of tevreden over?
*Geef deze dag een **gelukscijfer**:

14 februari

Behandel je geheugen als een vriend, niet als een vijand. Start met een nieuwe houding ten opzichte van je geheugen. Geef je geheugen de eer die het toekomt. Je geheugen vergeet nooit iets – alles blijft daar veilig opgeslagen – maar soms komt het net iets later terug dan je zou willen.

*Waar ben je **vandaag** dankbaar voor, blij mee, trots op of tevreden over?
*Geef deze dag een **gelukscijfer**:

15 februari

Onvoorwaardelijke zelfacceptatie is aan *geen enkele voorwaarde* gebonden. Je waarde als mens kan nooit bepaald worden door wat je doet of bereikt hebt. Iedereen die dat wel denkt, wordt vroeg of laat geconfronteerd met de vraag wat het leven of mens-zijn echt betekent. Elke inspanning telt, los van wat het zichtbaar oplevert. Als je, om wat voor reden dan ook, je doelen niet haalt, tel dan op wat je *wel bereikt* hebt.

*Waar ben je **vandaag** dankbaar voor, blij mee, trots op of tevreden over?
*Geef deze dag een **gelukscijfer**:

16 februari

Bij een vraag moet duidelijk worden wat je precies wilt en een vraag kan het best *actiegericht* zijn, zodat voor de ander duidelijk wordt wat er precies moet gebeuren om aan het verzoek te kunnen voldoen. Verder is het ook handig een vraag te stellen op de momenten dat de kans het grootst is dat de ander er positief op zal reageren. Het is vaak aangenaam verrassend om te merken dat een simpele actiegerichte vraag zeer effectief kan zijn.

*Waar ben je **vandaag** dankbaar voor, blij mee, trots op of tevreden over?
*Geef deze dag een **gelukscijfer**:

17 februari

Telkens wanneer je met een tegenslag of teleurstelling geconfronteerd wordt, probeer je deze vragen te beantwoorden:
-Wat is hier goed aan?
-Wat kan ik ervan leren?
-Welke nieuwe kans of uitdaging biedt deze tegenslag?
-Ook al gaat er een deur dicht, welke gaan er open?

*Waar ben je **vandaag** dankbaar voor, blij mee, trots op of tevreden over?
*Geef deze dag een **gelukscijfer**:

18 februari

Een wens hoef je niet op te geven omdat je niet zeker weet of hij ooit in vervulling zal gaan. Een herinnering hoef je niet los te laten uit angst dat je de schoonheid ervan nooit zult kunnen overtreffen. Geniet ervan, je weet niet wat er in de toekomst nog mogelijk is. Neem de tijd om terug te kijken, eventueel op te ruimen wat overbodig is en daardoor aan kracht te winnen.

*Waar ben je **vandaag** dankbaar voor, blij mee, trots op of tevreden over?
*Geef deze dag een **gelukscijfer**:

19 februari

Vele wetenschappelijke onderzoeken tonen aan dat positieve denkers gezonder en langer leven en hun doelen beter bereiken. Ze geven minder snel op en ervaren significant meer geluk.

*Waar ben je **vandaag** dankbaar voor, blij mee, trots op of tevreden over?
*Geef deze dag een **gelukscijfer**:

20 februari

Te veel controle en het miskennen van de ander in een relatie leidt tot verzet. Macht en vertrouwen kun je niet afdwingen, ze moeten door het gedrag van beide partners 'verdiend' worden. Dat wil zeggen: waardering uiten, niet alles onder controle willen houden en laten zien dat je het vertrouwen van de ander waard bent.

*Waar ben je **vandaag** dankbaar voor, blij mee, trots op of tevreden over?
*Geef deze dag een **gelukscijfer**:

21 februari

Leer het verschil tussen vastklampen en loslaten Vasthouden aan een piekergedachte heeft alleen zin als alle denkenergie ook tot een daadwerkelijke oplossing leidt, als er echte veranderingsmogelijkheden zijn. Datgene waar je weinig aan kunt veranderen of waar je geen invloed op kunt uitoefenen kun je beter loslaten.

*Waar ben je **vandaag** dankbaar voor, blij mee, trots op of tevreden over?
*Geef deze dag een **gelukscijfer**:

22 februari

Richt al je aandacht op manieren waarop je je vanbinnen goed kunt gaan voelen. Bijvoorbeeld: anderen helpen, jezelf ontwikkelen, extra aardig/goed voor jezelf zijn, gewoon iets voor je plezier doen, je talenten benutten et cetera. Je hoeft je lichaam niet af te straffen of te veranderen om een beter gevoel over jezelf te hebben. Je zult vol schoonheid en zelfvertrouwen overkomen als je je vanbinnen goed voelt.

*Waar ben je **vandaag** dankbaar voor, blij mee, trots op of tevreden over?
*Geef deze dag een **gelukscijfer**:

23 februari

Leer, net als succesvolle mensen, keihard te vechten tegen zelfveroordeling. Zelfonderschatting is een valkuil bij bijna elke stap vooruit. Loop er rustig langs. Laat je niet verleiden er met open ogen in te lopen. Respectloze kritiek motiveert niet, respectvol aanmoedigen wel. Gun jezelf geluk door je onvolmaaktheden te accepteren en je te richten op je sterkste, mooiste en beste (plus)punten.

*Waar ben je **vandaag** dankbaar voor, blij mee, trots op of tevreden over?
*Geef deze dag een **gelukscijfer**:

24 februari

Valkuilen ondermijnen je motivatie. Ze proberen je te laten geloven dat je doelen voor jou onbereikbaar zijn. Vandaar dat het van het allergrootste belang is in je persoonlijke geschiedenis te zoeken naar alles wat tegen je negatieve zelfbeeld ingaat. Waaruit blijkt dat je het wel kunt? Speur als de beste detective naar elke positieve uitzondering, hoe klein ook. Wat bewijst dat je wel de moeite waard bent en voor jezelf, je plaats op mag komen?

*Waar ben je **vandaag** dankbaar voor, blij mee, trots op of tevreden over?
*Geef deze dag een **gelukscijfer**:

25 februari

Met oordelen over je werk kun je beter even wachten tot je wat meer afstand hebt. Leg wat je gedaan hebt weg, ga iets anders doen en kijk er later nog eens naar. Vaak ben je net na het uitvoeren van een lastige taak te moe of gefrustreerd om objectief te kunnen oordelen. Stel je directe oordeel uit. Denk liever aan alle dingen die je al eerder goed hebt gedaan.

*Waar ben je **vandaag** dankbaar voor, blij mee, trots op of tevreden over?
*Geef deze dag een **gelukscijfer**:

26 februari

Niemand heeft invloed op zijn afkomst. Dat hoeft ook niet, want waar je vandaan komt hoort bij jouw unieke levensverhaal. Het heeft je gemaakt tot wie je nu bent. Hoe zou de wereld eruitzien als we allemaal hetzelfde waren? Schaam je nooit voor je verleden. Het enige wat telt is hoe je vanuit het heden naar een nog betere, veelbelovende toekomst kunt komen.

*Waar ben je **vandaag** dankbaar voor, blij mee, trots op of tevreden over?
*Geef deze dag een **gelukscijfer**:

27 februari

Er is een universele menselijke wet. Veel mensen zullen als ze ouder worden moeten toegeven dat ze veel te vaak onterecht gedacht hebben dat ze niet goed genoeg waren. Om duizenden redenen. Eigenlijk om niets. Vandaar dat het zo goed voelt als iemand gewoon aardig tegen je is.

*Waar ben je **vandaag** dankbaar voor, blij mee, trots op of tevreden over?
*Geef deze dag een **gelukscijfer**:

28 februari

Zoeken naar mogelijkheden in je huidige werk voor zowel persoonlijke als professionele ontwikkeling is een zeer waardevolle investering in geluk. Los van resultaten. Goed gedoseerde inspanning helpt je weerstand te vergroten en zorgt ervoor dat je blijft leren van de onvermijdelijke tegenslagen. Jezelf veranderen kost minder energie dan de oorlog te verklaren aan je werk.

*Waar ben je **vandaag** dankbaar voor, blij mee, trots op of tevreden over?
*Geef deze dag een **gelukscijfer**:

29 februari

Wat is er sterk, prachtig, gezond en uniek aan jou? De meest magische oplossingen vind je niet door jezelf maar te blijven bewijzen. Tevredenheid vind je door bewust te kiezen voor een gezondere en minder overdreven ambitieuze levensstijl. Vraag jezelf af waarom alles zo moeilijk moet en waarom fouten en falen verboden zijn. Waarom zo weinig compassie en liefde en zo veel harde eisen? Schakel over naar een bewustzijn waarin je de beste bent, met meer kracht, kwaliteit en vooral... kalmte in je leven.

*Waar ben je **vandaag** dankbaar voor, blij mee, trots op of tevreden over?
*Geef deze dag een **gelukscijfer**:

Maart

1 maart

Als je in staat bent om jezelf van een afstandje te bekijken en je interne criticus te herkennen, word je minder gevoelig voor zijn negatieve opmerkingen en indoctrinaties. Deze afstand kan zorgen voor veranderingen in je zelfbeeld en zelfwaardering.

Het kan vreemd lijken dat je zou moeten optreden tegen je eigen kritische stem. Maar een groot deel van het opbouwen van zelfwaardering bestaat uit het leren terugpraten: ontzenuw en verwerp het oude negatieve programma dat je eerder in je leven ontvangen hebt.

*Waar ben je **vandaag** dankbaar voor, blij mee, trots op of tevreden over?
*Geef deze dag een **gelukscijfer**:

2 maart

Gezonde zelfreflectie: mededogen en echte zelfacceptatie ontwikkelen. Accepteren dat je een mens bent en geen barbiepop of robot. De redenering aanvallen dat je waarde afhankelijk is van je prestaties. Je doelen evalueren en nagaan of ze echt bij jou passen. Stop met het idealiseren van de dingen die anderen doen of hebben. Het gras lijkt altijd groener aan de andere kant van de heuvel. Maak een eerlijke kosten-batenanalyse. Kies niet alleen maar doelen om iemand anders een plezier te doen.

*Waar ben je **vandaag** dankbaar voor, blij mee, trots op of tevreden over?
*Geef deze dag een **gelukscijfer**:

3 maart

Kritiek gaat altijd over het verleden. Van tevoren kan niemand weten of iets zal slagen. Stel dat je iets maakt en iemand vindt het niet mooi of goed genoeg, of je boekt er niet het succes mee dat je had verwacht. Het oordeel over je werk krijg je achteraf, je kunt er dan niet veel meer aan veranderen. Zelfs als iemand over je schouder meekijkt en zegt: dat zou ik anders doen, gaat het altijd over iets wat in het moment daarvóór gemaakt is. Waarom zou je je overstuur maken over dingen die je gisteren deed?

*Waar ben je **vandaag** dankbaar voor, blij mee, trots op of tevreden over?
*Geef deze dag een **gelukscijfer**:

4 maart

Maak er een gewoonte van om de volgende 'Reclame voor jezelf' dagelijks te herhalen:
-'Van dag tot dag gaat het met mij in alle opzichten beter en beter.'
-'Ik ben goed, gezond en gelukkig.'
-'Ik zal meer tijd nemen voor rust en ontspanning.'
-'Ik geloof in mijn eigen kracht en mogelijkheden.'
-'Ik hou vol.' 'Ik ga meer positief denken.'
-'Ik ben een feilbaar, menselijk wezen en een waardevol mens.'
-'Ik ben een hele goede ... (vul in waar je graag goed in zou zijn).'

*Waar ben je **vandaag** dankbaar voor, blij mee, trots op of tevreden over?
*Geef deze dag een **gelukscijfer**:

5 maart

Er is een logisch verband tussen wat je denkt en wat je voelt. Zodra je je gedachten leert te veranderen, zul je in staat zijn moeilijke situaties op andere (en betere)manieren te benaderen. Deze wetenschap geeft je de mogelijkheid je onzekerheid ten opzichte van andere mensen aan te pakken. Het kan enorm bevrijdend zijn als je beseft en als je kunt accepteren dat je zelf voor het grootste deel verantwoordelijk bent (niet schuldig!) voor je gevoelens.

*Waar ben je **vandaag** dankbaar voor, blij mee, trots op of tevreden over?
*Geef deze dag een **gelukscijfer**:

6 maart

De strijd tegen angst en onzekerheid is een fascinerende strijd. Het blijft boeiend om te zien hoe mensen veranderen, experimenteren en vechten om vooruit te komen. Ze komen in een opwaartse spiraal waarbij ze steeds meer uitdagingen durven aan te gaan en waarbij ze steeds meer zelfvertrouwen ontwikkelen. Soms kan het erg frustrerend zijn. Gelukkig kan dan toch nog onverwachts wat onmogelijk lijkt, mogelijk worden.

*Waar ben je **vandaag** dankbaar voor, blij mee, trots op of tevreden over?
*Geef deze dag een **geluks cijfer**:

7 maart

Bij de poort van een relatie staat nooit de perfecte partner te wachten. Er staan slechts kandidaten met allerlei tekortkomingen. Nadat de relatie zich heeft kunnen ontwikkelen, en nadat je naar elkaar bent toe gegroeid, kan blijken dat iemand uitstekend bij je past. Ga niet op zoek naar iemand aan wie nooit iets mis is. Die partner willen we allemaal en die komt alleen in sprookjes voor. Aan het begin van een relatie heb je, net als alle andere mensen, twijfels.

*Waar ben je **vandaag** dankbaar voor, blij mee, trots op of tevreden over?
*Geef deze dag een **geluks cijfer**:

8 maart

Succesvol door hard te werken? Korte ontspannings/ meditatie-oefeningen zijn prestatie-verdubbelaars. Zet als screen-saver op je computer de tekst: *Goed gedaan! Nu even ontspannen!* Blijvend presteren zonder uit te rusten is onmogelijk. Sommige mensen worden inderdaad slapend rijk (figuurlijk gesproken). Ontspanning maakt je extra ontvankelijk voor positieve zelfbevestiging en interne aanmoediging. Net als bij de reclame moet je interne aanmoediging steeds herhalen.

*Waar ben je **vandaag** dankbaar voor, blij mee, trots op of tevreden over?
*Geef deze dag een **gelukscijfer**:

9 maart

Perfectionisme is een valkuil omdat mensen het niet bij zichzelf herkennen. Mensen zullen zich niet snel voor therapie aanmelden met de vraag: 'Ik ben een perfectionist, wilt u me helpen?' Zij melden zich wel aan met allerlei klachten die samengaan met perfectionisme: faalangst, weinig zelfvertrouwen en een negatief zelfbeeld. Zij hebben het gevoel dat ze constant op hun tenen moeten lopen, doen hun uiterste best, maar lijken altijd het gevoel te houden dat het 'nooit goed genoeg is'.

*Waar ben je **vandaag** dankbaar voor, blij mee, trots op of tevreden over?
*Geef deze dag een **gelukscijfer**:

10 maart

Ons brein heeft voldoende vetten en voedingsmiddelen nodig om goed te kunnen functioneren. Tekorten gaan gepaard met sterke onlustgevoelens, spanningen en kunnen tot een depressie of uitputting leiden. In ons lichaam zitten voldoende reserves opgeslagen, in ons brein niet. Voordat je de strijd met je gewicht aangaat, kun je beter eerst je lichaamsbeeld aanpakken om te voorkomen dat je het zicht op alle redelijke grenzen kwijtraakt.

*Waar ben je **vandaag** dankbaar voor, blij mee, trots op of tevreden over?
*Geef deze dag een **gelukscijfer**:

11 maart

IJdelheid en uiterlijke beloningen dienen slechts als drijfveren om je naar je echte doelen te leiden. Ze horen er altijd tot op zekere hoogte bij. Zolang je vanbinnen maar blijft weten en voelen dat je door wat je doet je eigen unieke bijdrage levert. We werken bewust of onbewust altijd aan hogere doelen en het welzijn van iedereen. Op een dieper niveau is er geen onderscheid tussen mensen. Jouw succes is mijn succes en andersom.

*Waar ben je **vandaag** dankbaar voor, blij mee, trots op of tevreden over?
*Geef deze dag een **gelukscijfer**:

12 maart

Elke keer als je een beproeving met succes hebt doorstaan zul je wijzer, sterker, groter en mooier zijn geworden. Loop dus niet weg voor een uitdaging, maar zie vol vertrouwen tegemoet dat je doorzettingsvermogen je er doorheen zal helpen. Door altijd het beste te verwachten stel je heel je hart en geest in op wat je wilt bereiken. Mensen worden niet verslagen door een gebrek aan bekwaamheid, maar door een tekort aan hoop en volledige overgave.

*Waar ben je **vandaag** dankbaar voor, blij mee, trots op of tevreden over?
*Geef deze dag een **gelukscijfer**:

13 maart

Uitstelgedrag aanpakken is het beste wapen tegen faalangst. Je *doet* tenminste iets, en daar zal zeker *iets* goed van zijn omdat het onmogelijk is alles verkeerd te doen. Je kunt trots zijn op het werkproces, de uitkomsten kunnen variëren. Maar dat doet er niet toe, zolang je bezig blijft verhoog je vanzelf je kans op goede resultaten.

*Waar ben je **vandaag** dankbaar voor, blij mee, trots op of tevreden over?
*Geef deze dag een **gelukscijfer**:

14 maart

Zorg voor een aangename werkomgeving. Creëer voor jezelf de juiste leeromgeving: aangename verlichting, de juiste temperatuur, wellicht een plant, plaatjes die je aanspreken en stimuleren et cetera. Storende geluiden op de achtergrond kun je 'wegfilteren' met hele zachte muziek, eventueel aangevuld met persoonlijke stimulerende teksten. Pauzeer regelmatig zodat je concentratieniveau optimaal kan blijven.

*Waar ben je **vandaag** dankbaar voor, blij mee, trots op of tevreden over?
*Geef deze dag een **gelukscijfer**:

15 maart

Relaties zijn gezond. Sociale steun en vrienden helpen je door moeilijke tijden en problemen heen. De warmte van het contact met anderen bevordert het genezingsproces bij ziekte. We hechten ons aan andere mensen. Dat is een van de mooiste kanten van een relatie: het gevoel dat iemand echt bij jou hoort en er voor jou is.

*Waar ben je **vandaag** dankbaar voor, blij mee, trots op of tevreden over?
*Geef deze dag een **gelukscijfer**:

16 maart

Uit onderzoek blijkt overduidelijk dat mensen het best reageren op positieve bevestigingen en het belonen van 'goed gedrag'. Straf, kritiek, ijskoude blikken en koppig zwijgen zijn weinig effectief. Toch denken we dat 'vaak en hard genoeg zeggen wat ons niet bevalt' zal leiden tot de door ons gewenste veranderingen. Een veel gemaakte denkfout die weinig oplevert. Letten op wat een ander goed doet en dat gedrag aanmoedigen is veel effectiever.

*Waar ben je **vandaag** dankbaar voor, blij mee, trots op of tevreden over?
*Geef deze dag een **gelukscijfer**:

17 maart

In ons leven staan we elke dag opnieuw voor de keuze: *afhaken, stilstaan of klimmen?* Als je heel erg twijfelt en daardoor wegvlucht of alles krampachtig vast wilt houden, verlies je het vertrouwen in je mogelijkheden. En weet je op het laatst niet meer wat je kunt of wilt. Zolang je bereid blijft te klimmen kun je, ook als je het even niet meer weet, blijven *geloven* in jezelf en je doelen. De intentie om te groeien stelt je in staat te *voelen* wat je wilt en wapent je bij tegenslag tegen wanhoop.

*Waar ben je **vandaag** dankbaar voor, blij mee, trots op of tevreden over?
*Geef deze dag een **gelukscijfer**:

18 maart

Mensen zijn bij een hoge emotie-intensiteit gevoeliger voor het leren van allerlei 'leefregels' of 'lessen'. Gebeurtenissen en ervaringen die gepaard gaan met veel emotie kunnen we ons het best herinneren. Ons brein is dan actief bezig met leggen van verbanden om de wereld voorspelbaar en controleerbaar te houden. Het is alsof de emotie tegen ons brein zegt: *'Let op, dit is belangrijk om te leren.'*

*Waar ben je **vandaag** dankbaar voor, blij mee, trots op of tevreden over?
*Geef deze dag een **gelukscijfer**:

19 maart

Er is veel moed voor nodig om ja te zeggen tegen *alle* levenservaringen, inclusief verdriet. Hoe verwarrend en onvolmaakt ze soms ook zijn. *Zeg ja* tegen je fouten, ze zijn immers al gemaakt. Ze zullen er altijd weer zijn. *Zeg nee*, als je dat meer rust geeft, tegen het maken van dezelfde fouten in de toekomst.

*Waar ben je **vandaag** dankbaar voor, blij mee, trots op of tevreden over?
*Geef deze dag een **gelukscijfer**:

20 maart

Door bewust waar te nemen wat er via je zintuigen binnenkomt en wat er 'vanbinnen' aan goeds gebeurt, start je een natuurlijk proces waarbij creatieve mogelijkheden en veelbelovende antwoorden vanzelf zichtbaar worden. De snelheid van het menselijke brein is ongekend. Wees gerust: voordat je het in de gaten hebt, heeft je onbewuste allang de juiste antwoorden gezien en verbindingen gemaakt die je nodig hebt voor het oplossen van een probleem.

*Waar ben je **vandaag** dankbaar voor, blij mee, trots op of tevreden over?
*Geef deze dag een **gelukscijfer**:

21 maart

Lente: verjonging en vernieuwing. Iedereen die de veranderingen van de winter doorstaan heeft, kan breed glimlachend constateren dat de lente prachtig en betoverend is. De prijs voor de volhouder! Plotseling lijkt alles groen en in bloei te staan. Hoopvolle verwachtingen, veel energie en met enthousiasme je taken aanpakken.

*Waar ben je **vandaag** dankbaar voor, blij mee, trots op of tevreden over?
*Geef deze dag een **gelukscijfer**:

22 maart

Schoonmaken en weggooien wat overbodig is. Grote plannen worden in de lente geboren. Met enige overmoed belangrijke beslissingen durven nemen. Spannend maar goed. Later zul je ontdekken dat je ook in staat bent verder te gaan en dat je zult wennen aan de nieuwe omstandigheden.

*Waar ben je **vandaag** dankbaar voor, blij mee, trots op of tevreden over?
*Geef deze dag een **gelukscijfer**:

23 maart

Lente betekent ook de opwinding van het nieuwe. Een nieuwe begin. Nu volgt een periode waarin zichtbaar wordt dat de nieuwe situatie beter kan zijn dan de oude. Alles raakt in een stroomversnelling. Houd je stevig vast en zet door. Blijf in beweging en sta open voor nieuwe kansen. In deze periode gaan de veranderingen snel, dus houd je hoofd erbij. Ga stap voor stap vooruit en blijf gericht op je doelen. Vergeet in de opwinding niet te denken aan andere belangrijke dingen in je leven. Je hebt doorgezet. Het succes van het nieuwe wordt zichtbaar. Maar hoe kom je door de moeilijke momenten heen? Wat kun je doen om actief te blijven? De vooruitgang gaat nu snel. Hoe kun je gericht op je doelen blijven?

*Waar ben je **vandaag** dankbaar voor, blij mee, trots op of tevreden over?

*Geef deze dag een **gelukscijfer**:

24 maart

Breng je innerlijke taal via meditatie in overeenstemming met je wensen en ambities. Zie met verbeeldingskracht duidelijk voor je dat je al bent waar je zijn wilt. Gebruik goede, positieve intenties om je vizier zo scherp mogelijk te kunnen richten. Verbeeldingskracht haalt je brein uit de angststand en laat je ontspannen omschakelen naar vertrouwen.

*Waar ben je **vandaag** dankbaar voor, blij mee, trots op of tevreden over?
*Geef deze dag een **gelukscijfer**:

25 maart

Mensen zijn voortdurend in ontwikkeling. Vraag eens in je omgeving wat anderen van jóu vinden. Wie waardeert je? Wie zoekt jouw gezelschap en waarom? Wie toont interesse in jou? Wat maakt jou aantrekkelijk? Zijn er mensen die minder presteren dan jij en toch tevreden en/of gelukkig zijn?

*Waar ben je **vandaag** dankbaar voor, blij mee, trots op of tevreden over?
*Geef deze dag een **gelukscijfer**:

26 maart

Betrokken, vriendelijke vragen passen beter bij een innerlijke coach. Ze voorkomen dat je afzakt naar het idee dat je mislukt bent en niet kunt veranderen. Een coach stimuleert elk gezond groeiproces. Hij sluit aan op wat er al goed gaat. De innerlijke criticus gebruikt je energie als wapen tegen jezelf, de innerlijke coach leert je waardevolle energie in te zetten voor het bereiken van je doelen.

*Waar ben je **vandaag** dankbaar voor, blij mee, trots op of tevreden over?
*Geef deze dag een **geluks cijfer**:

27 maart

Het is niet de bedoeling dat je vast blijft zitten in negatieve gevoelens. Geluk ligt heel dicht tegen geduld aan. Wie het lukt kalm door te werken aan persoonlijke doelen, zal onderweg merken dat prettige gevoelens en voldoening zullen toenemen. Ondanks de minder aangename emotionele tussenstops. Terugval na groei zal er altijd zijn. Zie het als een goede test die je, met wat optimisme en zelfvertrouwen, met glans kunt doorstaan.

*Waar ben je **vandaag** dankbaar voor, blij mee, trots op of tevreden over?
*Geef deze dag een **geluks cijfer**:

28 maart

Vaak durven mensen niet naar de pracht, schoonheid en stralende kanten van het leven te kijken uit angst dat het onbereikbaar voor hen is. Het tegendeel is waar, hoe meer je je schaamteloos durft te vergapen aan de meest exclusieve en bijzondere zaken, des te beter je ook direct om je heen gaat zien hoe wonderbaarlijk mooi de allerkleinste dingen in jouw leven zijn.

*Waar ben je **vandaag** dankbaar voor, blij mee, trots op of tevreden over?
*Geef deze dag een **geluks cijfer**:

29 maart

Als collega's ziek worden, wegvallen of met pensioen gaan zet dat je aan het denken. Het daagt je uit de wedloop met jezelf te relativeren. Een werkbrein dwingt je tot presteren, toch is er meer dan altijd maar meer en harder willen.

Je zult ook moeten leren vrede te sluiten met de onvermijdelijke grenzen van het werkende leven. Waarom? Omdat je meer bent dan je werk, groter dan je prestaties en hopelijk meer diepgang hebt dan blind alle verworvenheden van onze consumptiemaatschappij na te jagen.

*Waar ben je **vandaag** dankbaar voor, blij mee, trots op of tevreden over?
*Geef deze dag een **gelukscijfer**:

30 maart

De valkuil zelfopoffering is een belangrijk obstakel op weg naar je droomdoelen. Met deze valkuil voel je je te snel verantwoordelijk voor én schuldig over de problemen van anderen. Mensen hoeven maar zielig te kijken en je gaat voor ze aan het werk. Je offert je geluk op voor anderen; vaak mensen die best voor zichzelf kunnen zorgen, maar het makkelijker vinden dat jij alles voor ze doet. Leven volgens deze valkuil betekent dat er geen ruimte meer overblijft voor je persoonlijke behoeftes (zoals aandacht, ontwikkeling en ontspanning). Zonder voldoende ruimte voor jezelf leer je niet dat je zelf ook recht op geluk hebt en dat anderen het meeste kunnen leren van hun eigen inspanningen.

*Waar ben je **vandaag** dankbaar voor, blij mee, trots op of tevreden over?
*Geef deze dag een **gelukscijfer**:

31 maart

Je gedachten even loslaten heeft de volgende voordelen: -het geeft je sneller een goed gevoel -het biedt je meer ruimte en vrijheid -het ontspant en daardoor durf je meer te vertrouwen -het maakt acceptatie van onzekerheid mogelijk -het laat je inzien dat je niets echt nodig hebt.
Je brein is vele malen knapper en zelfstandiger dan je zelf kunt bedenken.

Het 'denk-deel' van je brein even stopzetten maakt de weg vrij voor andere delen van je brein. Zoals diepere gevoelens van evenwicht, kalmte, vrede, verbondenheid en eenheid met het hele universum in en om je heen.

*Waar ben je **vandaag** dankbaar voor, blij mee, trots op of tevreden over?
*Geef deze dag een **gelukscijfer**:

April

1 april

Ouders kunnen een kind opvoeden met de verwachting dat hij zich op een bepaald gebied ontwikkelt (sport, school, maatschappelijke status). Als het kind zich op een ander gebied ontwikkelt dan de ouders verwachten en zij het kind hierom afkeuren, is de kans groot dat het kind zich minderwaardig gaat voelen. Bijvoorbeeld een kind dat in een 'sportminded' gezin opgroeit en hier totaal niet in is geïnteresseerd, en liever met zijn neus in de boeken zit. Of een kind uit een intellectueel gezin dat liever met zijn handen werkt.

*Waar ben je **vandaag** dankbaar voor, blij mee, trots op of tevreden over?
*Geef deze dag een **gelukscijfer**:

2 april

Kies een nieuwe en veel betere manier om jezelf te stimuleren: gebruik je voorstellingsvermogen. Probeer je je doelen zo positief mogelijk voor te stellen. Bij het gebruik van je verbeelding mag je best overdrijven. Door je de positieve gevolgen van je succes zo volledig mogelijk voor te stellen, komen je lichaam en geest in een soort *winning mood*. De positieve voorstelling, we noemen dit visualiseren, kan dan werken als een sterke motiverende kracht.

*Waar ben je **vandaag** dankbaar voor, blij mee, trots op of tevreden over?
*Geef deze dag een **gelukscijfer**:

3 april

Niet iedereen zal, in eerste instantie, blij zijn met jouw kritiek. Misschien dat er op de rimpelloze rivier van jullie contact wat golven zullen komen. Laat je daardoor niet weerhouden, realiseer je dat het om een *tijdelijk* ongenoegen gaat. Het kan de relatie achteraf ten goede komen of op zijn minst duidelijkheid scheppen. Assertief zijn helpt problemen op te lossen, geeft een tevreden gevoel, omdat je je gevoelens hebt durven uiten en je anderen laat zien dat je ze serieus neemt en probeert te begrijpen.

*Waar ben je **vandaag** dankbaar voor, blij mee, trots op of tevreden over?
*Geef deze dag een **gelukscijfer**:

4 april

Elke inspanning zou eigenlijk gevolgd moeten worden door een kort moment van ontspanning. Mensen die roken, hebben dit principe goed begrepen, zij onderbreken hun dagelijkse bezigheden voor een korte 'rookpauze'. Helaas is het roken zelf een ongezonde gewoonte en zouden zij die paar minuten rookpauze beter kunnen gebruiken voor een korte ontspanningsoefening. Hoe meer evenwicht er is tussen inspanning en ontspanning, hoe beter het is voor je geestelijk en lichamelijk welzijn.

*Waar ben je **vandaag** dankbaar voor, blij mee, trots op of tevreden over?

*Geef deze dag een **gelukscijfer**:

5 april

Redelijk denken wordt gekenmerkt door het stellen van redelijke eisen, het openstaan voor verschillende mogelijkheden, het denken in termen van 'jammer, maar niet verschrikkelijk' en het accepteren van jezelf onder alle omstandigheden.
Negatieve gevoelens als gevolg van negatieve gebeurtenissen kun je niet voorkomen. Je kunt wel voorkomen dat een negatieve gebeurtenis (bijvoorbeeld kritiek krijgen) meer negatieve gevoelens oproept dan nodig is.

*Waar ben je **vandaag** dankbaar voor, blij mee, trots op of tevreden over?
*Geef deze dag een **gelukscijfer**:

6 april

De eerste stap die je zet lijkt altijd veel moeilijker en groter dan alle andere die daarna komen. Studenten denken vaak: 'Als ik voor de rest van deze studie net zoveel tijd en inspanning nodig heb als voor het eerste jaar, kom ik er nooit doorheen.' De eerste stappen lijken onoverkomelijk zwaar. Maar meestal is het zo dat als je door het eerste stuk heen bent, de rest in een veel hoger tempo gaat omdat je dan gewend bent aan waar je mee bezig bent.

*Waar ben je **vandaag** dankbaar voor, blij mee, trots op of tevreden over?
*Geef deze dag een **gelukscijfer**:

7 april

Zowel voor liefde als voor vriendschap en zelfwaardering betekent onvoorwaardelijke liefde dat je *investeert* in plaats van manipuleert, dat je *accepteert* in plaats van afwijst en dat je *begrijpt* in plaats van oordeelt. Bij onvoorwaardelijke liefde dwing je de ander niet zich volgens jouw idealen en regels te gedragen. Onvoorwaardelijk van iemand houden brengt de ander bij zijn eigen kracht en stelt hem/haar in staat te groeien.

*Waar ben je **vandaag** dankbaar voor, blij mee, trots op of tevreden over?
*Geef deze dag een **gelukscijfer**:

8 april

'Ik zal steeds beter in staat zijn om onderscheid te maken tussen de werkelijke en de alleen maar gefantaseerde risico's en steeds beter in staat zijn om te zien hoe klein de kans is dat echte gevaren zich zullen voordoen. Iedere dag zal ik beter in staat zijn om de moeilijkheden en verantwoordelijkheden van mijn leven aan te kunnen. Ik ben nu anders dan ik was in het verleden en ik kan nu *evenwichtig* omgaan met dingen die me vroeger zouden hebben aangegrepen.'

*Waar ben je **vandaag** dankbaar voor, blij mee, trots op of tevreden over?
*Geef deze dag een **gelukscijfer**:

9 april

We denken dat alles wat we van onszelf eisen normaal is. Tegelijkertijd misleiden we onszelf met het idee dat anderen wel (bijna) volmaakt zijn. Zij doen en hebben toch ook wat wij willen bereiken? Op dit punt loop je zo weer de valkuil van het perfectionisme in. Mensen doen heel andere dingen dan ze zeggen, je ziet alleen hun buitenkant. Zij vertellen meestal aan anderen wat ze zichzelf hebben *voorgenomen* of wat hun eigen *normgedrag* is.

*Waar ben je **vandaag** dankbaar voor, blij mee, trots op of tevreden over?
*Geef deze dag een **gelukscijfer**:

10 april

Vermijd vergelijkingen of houd ze op z'n minst eerlijk. In welke (innerlijke of uiterlijke) opzichten doe jij het goed? Aantrekkingskracht wordt niet alleen bepaald door lichamelijke perfectie. Er is een groot verschil tussen uitstraling en uiterlijk. Jij bent de enige die klaagt over je uiterlijk. Schoonheid kan altijd weer overtroffen worden. Een compliment voor een ander is niet hetzelfde als kritiek op jou.

*Waar ben je **vandaag** dankbaar voor, blij mee, trots op of tevreden over?
*Geef deze dag een **gelukscijfer**:

11 april

Mensen investeren in spaarbrieven, levensverzekeringen, hypotheken en pensioenen om hun toekomst financieel veilig te stellen. Waarom ook niet elke dag alvast investeren in je eigen gezondheid, door dagelijks voldoende tijd te reserveren voor verschillende vormen van ontspanning? Als je vandaag leert dat de hoogste prioriteit van het leven niet alleen werken is, kun je er morgen extra van genieten!

*Waar ben je **vandaag** dankbaar voor, blij mee, trots op of tevreden over?
*Geef deze dag een **gelukscijfer**:

12 april

Door bewust waar te nemen wat er via je zintuigen binnenkomt en wat er 'vanbinnen' aan goeds gebeurt, start je een natuurlijk proces waarbij creatieve mogelijkheden en veelbelovende antwoorden vanzelf zichtbaar worden. De snelheid van het menselijke brein is ongekend. Wees gerust: voordat je het in de gaten hebt, heeft je onbewuste allang de juiste antwoorden gezien en verbindingen gemaakt die je nodig hebt voor het oplossen van een probleem.

*Waar ben je **vandaag** dankbaar voor, blij mee, trots op of tevreden over?
*Geef deze dag een **gelukscijfer**:

13 april

Diep vanbinnen verlang je misschien naar meer overzicht, eenvoud en rust, maar aan de oppervlakte word je voortgestuwd door je ambities, eerzucht en verlangen naar steeds meer en meer. Het kan bevrijdend zijn om sommige van je plannen en projecten even aan de kant te zetten en je meer te richten op de kwaliteit van je leven in plaats van op de kwantiteit van je prestaties.

*Waar ben je **vandaag** dankbaar voor, blij mee, trots op of tevreden over?
*Geef deze dag een **gelukscijfer**:

14 april

Spreekangst en spanning maken je menselijk en tasten je waarde niet aan. De meeste mensen die komen luisteren naar jou, zijn meer geïnteresseerd in het *onderwerp* van je presentatie en wat ze ervan kunnen leren, dan in het beoordelen van jou. Als je genoeg moed verzameld hebt, een risico durft te nemen en een praatje durft te houden, zul je waarschijnlijk merken dat je in het begin last hebt van 'aanvangsspanning', dat het uiteindelijk best wel zal gaan en dat je ook goede en aardige reacties zult krijgen.

*Waar ben je **vandaag** dankbaar voor, blij mee, trots op of tevreden over?
*Geef deze dag een **gelukscijfer**:

15 april

Met een gezonde levenshouding is er ruimte voor verschillende soorten, schijnbaar tegengestelde, gevoelens, gedachten en gedrag. Je waardeert bijvoorbeeld jezelf, maar tegelijkertijd is er genoeg ruimte voor anderen; je kunt heel dicht bij iemand staan en gunt de ander ook bewegingsvrijheid; je kunt je gevoelens uiten en je weet te voorkomen dat ze de overhand nemen; je kunt jezelf prima redden en je kunt makkelijk om hulp vragen.

*Waar ben je **vandaag** dankbaar voor, blij mee, trots op of tevreden over?
*Geef deze dag een **gelukscijfer**:

16 april

Joep verwachtte dat zijn vriendin na een stressvolle dag op haar werk, in een slecht humeur thuis zou komen. Normaal gesproken zou hij op zulke dagen op een 'veilige afstand' blijven. Op ons advies 'deed hij net alsof zij in een goed humeur thuis zou komen'. Met dit positieve beeld voor ogen begroette hij haar warm en hartelijk en verwende hij haar met een lekker drankje en hapje. Zij was inderdaad moe en gespannen, maar binnen een paar minuten was ze totaal ontdooid en konden ze samen praten over hun dag.

*Waar ben je **vandaag** dankbaar voor, blij mee, trots op of tevreden over?
*Geef deze dag een **gelukscijfer**:

17 april

De beste doorzetters voelen zich soms een mislukkeling. Ook al ben je geneigd jezelf emotioneel instabiel te noemen, tegenstellingen mag je ook zien als een belangrijke bron van kracht. Het sleutelwoord voor overwinnaars is *flexibiliteit*. Ze zijn serieus en grappig, hardwerkend en gemakzuchtig, vol zelfvertrouwen en diep onzeker. Je bent niet het een *of* het ander, je bent *zowel* het een als het ander.

*Waar ben je **vandaag** dankbaar voor, blij mee, trots op of tevreden over?
*Geef deze dag een **gelukscijfer**:

18 april

Als mensen vanuit een traumatisch verleden, een verlies of ernstige beperkingen toch met volle overtuiging hun leven vorm weten te geven, wat zou jij dan voor anderen en jezelf kunnen betekenen? Ben je sterker dan tegenslag? *Ieder mens verwerkt een verlies op zijn/haar eigen unieke manier.* Hulp van buitenaf door een professionele hulpverlener is alleen nodig als iemand echt vast dreigt te lopen na een verlies.

*Waar ben je **vandaag** dankbaar voor, blij mee, trots op of tevreden over?
*Geef deze dag een **gelukscijfer**:

19 april

Gevoelens kunnen opgaan in de vriendelijkheid van een warme glimlach. Glimlachen bevordert fysiek en mentaal welzijn. Besef je dat elke gedachte of ervaring, elk gevoel of gewaarwording met liefdevolle vriendelijkheid benaderd kan worden? *Bij spanning of onrust is het heilzaam om ontspannen te oefenen met een open glimlach.* Het is een krachtige manier om in contact te komen met je hart.

*Waar ben je **vandaag** dankbaar voor, blij mee, trots op of tevreden over?
*Geef deze dag een **gelukscijfer**:

20 april

Waar het om gaat is dat je de verantwoordelijkheid voor je eigen leven neemt. En in plaats van reactief (het leven laten gebeuren en daarop reageren), proactief (het leven in eigen hand nemen en achter je keuzes staan) te leven. Midden in het leven staan betekent ook richting aan je leven geven en daar verantwoordelijkheid voor dragen.

*Waar ben je **vandaag** dankbaar voor, blij mee, trots op of tevreden over?
*Geef deze dag een **gelukscijfer**:

21 april

Een 'verstandig' deel van je brein kan beslissen dat piekeren niet meer nodig is maar een ander, meer ongrijpbaar en angstig deel kan er nog lang niet mee klaar zijn. Observeer deze 'piekerdrukte' in je hoofd van een afstandje zonder daardoor van slag te raken. Kun je juist nu extra aardig zijn voor jezelf? Net zoals bij een lichamelijke pijnaanval zul je een hevige piekeraanval ook wel eens uit moeten laten razen.

*Waar ben je **vandaag** dankbaar voor, blij mee, trots op of tevreden over?
*Geef deze dag een **gelukscijfer**:

22 april

Sommige mensen lopen een kamer binnen en het lijkt alsof de zon gaat schijnen. Zij helpen hun omgeving te zien wat positief en goed is. De keuze andere mensen een goed gevoel (over zichzelf) te geven heeft een belangrijke invloed op het verbeteren van je relaties, gezondheid en geluk.

*Waar ben je **vandaag** dankbaar voor, blij mee, trots op of tevreden over?

*Geef deze dag een **gelukscijfer**:

23 april

Oudere mensen hebben geleerd dat elke kleine of grote doelbewuste inspanning van onschatbare waarde is. Of je nu een stralende of stille 'ster' bent, waar het echt om gaat is of je je persoonlijke visie (levensbouwplannen) hebt kunnen uitvoeren. Gevoelens en talenten gaan praten als ernaar geluisterd wordt, maar gaan zeuren en huilen wanneer er niets mee gebeurt.

*Waar ben je **vandaag** dankbaar voor, blij mee, trots op of tevreden over?
*Geef deze dag een **gelukscijfer**:

24 april

Pogingen om pijn kwijt te raken hebben vaak een averechts effect. Gelukkig is er wel een groot verschil tussen pijn en lijden. Waar pijn onvermijdelijk is, kun je de last ervan, het lijden, aanzienlijk verminderen. Vreemd genoeg betekent het accepteren van 'levenspijn' meestal dat het minder zwaar en moeilijk zal worden. Je leven kan aan waarde winnen als je leert minder te 'sturen' (= dwangmatig controleren) en meer te 'verduren' (= rustig accepteren).

*Waar ben je **vandaag** dankbaar voor, blij mee, trots op of tevreden over?
*Geef deze dag een **gelukscijfer**:

25 april

Mensen presteren wisselend matig, redelijk, goed tot zeer goed. In de ene situatie ben je op je best in de andere weer wat minder. Wat zegt dat uiteindelijk over wie of wat je bent?

*Waar ben je **vandaag** dankbaar voor, blij mee, trots op of tevreden over?
*Geef deze dag een **gelukscijfer**:

26 april

Positieve energie is vol liefde, vriendschap, schoonheid en creativiteit. Wat er klein en beperkt uitziet moet een illusie van negatieve gedachten zijn. Je kunt je zo aan je piekergewoonten vastklampen dat je de oplossingsmogelijkheden over het hoofd ziet. Veel verstikkende problemen leiden meestal tot belangrijke inzichten. Wat heb je geleerd van vorige conflicten?

*Waar ben je **vandaag** dankbaar voor, blij mee, trots op of tevreden over?
*Geef deze dag een **gelukscijfer**:

27 april

Bij te veel negatieve gedachten ben je geneigd te vergeten dat je ook een lichaam en gevoelens hebt. Buiten je gedachten bestaat er ook een andere (belevings)wereld. Gedachten roepen het hardst, maar daarnaast heb je ook je zintuigen, gevoelens en intuïtie. Wijsheid komt voort uit verschillende bronnen, en als er een tijdelijk uitgeput is kan het de moeite lonen op een andere over te schakelen.

*Waar ben je **vandaag** dankbaar voor, blij mee, trots op of tevreden over?
*Geef deze dag een **gelukscijfer**:

28 april

Het kan opluchten om toe te geven aan slechte gewoonten en zo spanning af te reageren. Maar de beslissing om *niet* toe te geven aan negatieve gewoontes helpt net zo goed de spanning te verminderen. Je wint vroeg of laat elk gevecht met jezelf als je van tevoren vastlegt wat gezond voor je is.

*Waar ben je **vandaag** dankbaar voor, blij mee, trots op of tevreden over?
*Geef deze dag een **gelukscijfer**:

29 april

Waardering wordt het meest in verband gebracht met geluk. Vergroot je positiviteit door bewust te registeren wat je waardeert. Daarmee koester en stimuleer je positieve, belonende gebeurtenissen en relaties. Maar doe er een belangrijk geluksschepje bovenop; bij het tellen van je zegeningen laat je ook diep tot je doordringen waarom juist jij deze voorspoed verdiend hebt. Merk bewust op wat er meezit en versterk zo je gelukspositie.

*Waar ben je **vandaag** dankbaar voor, blij mee, trots op of tevreden over?
*Geef deze dag een **gelukscijfer**:

30 april

Probeer begrip op te brengen voor je gevoelens, als je vastzit in je valkuil. Wees extra troostend, steunend en vriendelijk. Spreek jezelf moed in. Vastzitten in je valkuil betekent dat je diepste, gevoeligste punten geraakt zijn. Als je weer wat rustiger bent, kun je meer genuanceerd, redelijker en positiever omgaan met wat je dwarszit.

*Waar ben je **vandaag** dankbaar voor, blij mee, trots op of tevreden over?

*Geef deze dag een **gelukscijfer**:

Mei

1 mei

Een kind dat iets 'verbodens' doet en te horen krijgt dat het een slecht kind is, zal leren dat hij *en* zijn gedrag slecht zijn. Hij leert niet het onderscheid kennen tussen wat hij doet en wie hij is. Als volwassene zal zijn interne afkeurende stem zijn gedrag en zijn waarde als mens aanvallen. Ouders die een duidelijk onderscheid kunnen maken tussen ongewenst gedrag en de basale waarde van hun kinderen, zorgen ervoor dat hun kinderen zich later beter voelen over zichzelf.

*Waar ben je **vandaag** dankbaar voor, blij mee, trots op of tevreden over?
*Geef deze dag een **gelukscijfer**:

2 mei

Leer te zeggen tegen anderen wat je wilt. Je hebt het recht om dingen aan anderen te vragen, ook al zul je niet altijd krijgen wat je wilt. Soms moet je een vraag meerdere keren herhalen. Als jij een redelijke vraag stelt, ben je niet verantwoordelijk voor de (on)redelijke reactie van een ander. Accepteer het *tijdelijke ongenoegen* dat soms hoort bij een meningsverschil, het kan op de lange duur verhelderend werken. Onderhandel, zodat er veranderingen komen die voor jou aanvaardbaar zijn.

*Waar ben je **vandaag** dankbaar voor, blij mee, trots op of tevreden over?

*Geef deze dag een **gelukscijfer**:

3 mei

Bij persoonlijke leefregels of valkuilen kun je je afvragen hoe en wanneer je deze hebt aangeleerd. Het kan zijn dat je naar aanleiding van een bepaalde indrukwekkende ervaring deze regel hebt geleerd. Ga bij leefregels na of ze tegenwoordig nog steeds van toepassing zijn! Is er een verschil tussen vroeger en nu? Net zoals wetten in het parlement die, na verloop van tijd, besproken en bijgesteld worden, kun je leefregels ook bijstellen!

*Waar ben je **vandaag** dankbaar voor, blij mee, trots op of tevreden over?
*Geef deze dag een **gelukscijfer**:

4 mei

De reden dat dingen mislukken, heeft minder met een gebrek aan capaciteiten te maken dan je op het eerste gezicht zou denken. Iemands houding en geloof in zichzelf spelen een belangrijke rol. Wanneer iemand niet eens in staat is om erin te geloven dat iets zal lukken, hoe moet hij of zij het dan in de werkelijkheid ooit voor elkaar krijgen? Probeer je, in eerste instantie, alleen maar 'voor te stellen dat iets heel goed zal lukken'. Je krijgt dan automatisch al iets van een overwinningsgevoel mee.

*Waar ben je **vandaag** dankbaar voor, blij mee, trots op of tevreden over?
*Geef deze dag een **gelukscijfer**:

5 mei

Zelfs als een gedachte waar blijkt te zijn of als je nog niet kunt weten of hij waar is, kun je je afvragen of het vasthouden aan die gedachte productief is.

Problemen lijken vaak erger dan ze zijn. Meestal vind je na verloop van tijd een oplossing of je leert te leven met de realiteit. Je accepteert de tegenslag of bedenkt een aanvaardbaar compromis. Jij blijft de baas over je gevoelens. Vraag je af: Waarom moet alles gaan zoals ik dat wil? Welke gedachte helpt me wel verder?

*Waar ben je vandaag dankbaar voor, blij mee, trots op of tevreden over?
*Geef deze dag een **gelukscijfer**:

6 mei

Om te kunnen ontdekken dat onze negatieve overtuiging niet altijd voor honderd procent waar is, moeten we op zoek naar bewijzen tegen een negatieve overtuiging. We zijn gewend bewijzen *tegen* een negatieve overtuiging af te doen als 'niet belangrijk' of 'niet gemeend'. Terwijl we bewijs *voor* de negatieve overtuiging (hoe klein ook) volledig accepteren en uitvergroten. Het is van het grootste belang *al* het bewijs tegen de negatieve overtuiging te verzamelen. Hoe klein en onbelangrijk dit bewijs ook lijkt.

*Waar ben je **vandaag** dankbaar voor, blij mee, trots op of tevreden over?
*Geef deze dag een **gelukscijfer**:

7 mei

Iedereen heeft soms ongewone en vervelende lichamelijke reacties zoals hartkloppingen of duizeligheid. Mensen die kwetsbaar zijn voor paniek hebben de neiging dit soort lichamelijke verschijnselen te zien als het voorteken van een naderende ramp. Ze blijven gefocust op hun lichaam. Hun 'alarm' staat veel te scherp afgesteld. Bij iedere kleine verandering (bijvoorbeeld versnelling van de hartslag) schiet de angst omhoog.

*Waar ben je **vandaag** dankbaar voor, blij mee, trots op of tevreden over?
*Geef deze dag een **gelukscijfer**:

8 mei

In de omgang met anderen is het van groot belang dat je *duidelijk leer te zijn*. Duidelijkheid is bij het stellen van je persoonlijke grenzen een sleutelbegrip en het biedt een paar grote voordelen: je krijgt gemakkelijker en sneller wat je wilt, het brengt je dichter bij je (levens)doelen en het schept vooral meer ruimte en vrijheid voor jezelf. Duidelijkheid levert je op de lange termijn vaak ook meer respect op.

*Waar ben je **vandaag** dankbaar voor, blij mee, trots op of tevreden over?
*Geef deze dag een **gelukscijfer**:

9 mei

Hoe perfect moet je worden om te kunnen oogsten? Hoelang moet je jezelf onder druk zetten voordat je je zelfwaardering verdiend hebt? Het is belangrijk dat je duidelijk en concreet formuleert wat je van jezelf verwacht, zodat je weet welke stappen je moet zetten om je doelen te bereiken. Perfectie is in ieder geval niet de snelste weg naar voldoening en levensgeluk. Jezelf na elk(e) stap(je) in de goede richting belonen, is dat wel!

*Waar ben je **vandaag** dankbaar voor, blij mee, trots op of tevreden over?
*Geef deze dag een **gelukscijfer**:

10 mei

Komen je voorspellingen echt uit of is het al heel vaak voorgekomen dat alles in werkelijkheid en achteraf wel meeviel? Hoe kun je nu je leven draaglijker of aangenamer maken? Denk ook aan *innerlijke* rust en bezinning. Ontzeggen andere mensen zich ook de leuke dingen van het leven? Troost je met de gedachte dat jij altijd en onder alle omstandigheden aardig voor jezelf kunt blijven.

*Waar ben je **vandaag** dankbaar voor, blij mee, trots op of tevreden over?
*Geef deze dag een **gelukscijfer**:

11 mei

Ook al kun je in werkelijkheid je verleden niet me er veranderen, met behulp van je voorstellingsvermogen wordt het mogelijk je vroegere ervaringen psychologisch te herstructureren. Herinneringen zijn verhalen uit het verleden die je altijd mag herschrijven zodat ze je niet langer meer hoeven te belemmeren maar je juist verder helpen. Zo worden de wonden van gisteren je kracht voor morgen.

*Waar ben je **vandaag** dankbaar voor, blij mee, trots op of tevreden over?
*Geef deze dag een **gelukscijfer**:

12 mei

Bewust waarnemen lijkt op spelen, plezier maken. Zodra je vastzit in faalangst of perfectionisme, neem je een nieuwsgierige, open houding aan. Je speelt met verschillende mogelijkheden en antwoorden, ook diegene die op het eerste gezicht vreemd lijken. De clou is dat je daardoor met je totale brein meer kunt doen en de oplossingen makkelijker binnen handbereik komen.

*Waar ben je **vandaag** dankbaar voor, blij mee, trots op of tevreden over?
*Geef deze dag een **gelukscijfer**:

13 mei

Stel prioriteiten. Bij sommige taken kun je voor 'goud' gaan, bij andere voor 'zilver' en bij de rest voor 'brons' of minder. Het is goed om even stil te staan bij wat je al (bereikt) hebt en daar dankbaar voor en tevreden mee te zijn. Weer terug te gaan naar je eigen basis en bron en je af te vragen waar je eigenlijk zo hard achteraan rent. Wat wil je bewijzen, waarom moet het steeds groter, duurder en meer zijn?

*Waar ben je **vandaag** dankbaar voor, blij mee, trots op of tevreden over?
*Geef deze dag een **gelukscijfer**:

14 mei

Iets zeggen waar je zelf achter staat, heeft een magische uitwerking op de toehoorders. Ze voelen instinctief dat je meent wat je zegt. Met of zonder zenuwen. Je kennis en enthousiasme over een onderwerp werken aanstekelijk. *Enthousiasme geeft reservekracht. Angst en enthousiasme kunnen bijna niet samengaan.*

*Waar ben je **vandaag** dankbaar voor, blij mee, trots op of tevreden over?
*Geef deze dag een **gelukscijfer**:

15 mei

Leer liefde aan jezelf te geven. Je mag zo goed en zorgvuldig mogelijk voor jezelf zorgen als nodig is, omdat zowel jij als je omgeving daar uiteindelijk het meeste profijt van hebben. Je herhaalt, zodra je dreigt vast te lopen in een negatieve houding, korte meditatieve zinnetjes zoals: *het mag goed met me gaan, ik mag gelukkig zijn, ik mag voluit vreugde voelen.*

*Waar ben je **vandaag** dankbaar voor, blij mee, trots op of tevreden over?
*Geef deze dag een **gelukscijfer**:

16 mei

Met het opbouwen van vertrouwen, het positieve benadrukken en het negatieve negeren, kun je in de dierenwereld heel wat met je 'leerlingen' bereiken. Deze wetten gelden niet alleen voor dieren maar werken ook bij mensen. Hoe meer aandacht je aan iets besteedt, hoe groter het zal worden. Niet te veel letten op wat er mis gaat, maar juist letten op wat er goed gaat.

*Waar ben je **vandaag** dankbaar voor, blij mee, trots op of tevreden over?
*Geef deze dag een **gelukscijfer**:

17 mei

Zelfs onder de moeilijkste omstandigheden is er meestal wel een manier om enige *invloed* uit te oefenen, ook al lijkt het soms maar heel weinig. Je hebt in ieder geval *altijd controle* over je eigen reacties. Beperk de gevolgen van tegenslag. Hoe meer je je totale leven door tegenslag laat beïnvloeden, hoe sneller je je machteloos en overweldigd zult voelen.

*Waar ben je **vandaag** dankbaar voor, blij mee, trots op of tevreden over?
*Geef deze dag een **gelukscijfer**:

18 mei

Verandering roept sterke emoties op, maar als je jezelf en je positie in deze emoties verliest, dan laat je het te ver gaan. Als je in het leven groei verwacht, dan moet je ook verandering durven accepteren. Het is niet handig verandering als een vijand te zien of je er alleen maar tegen te verzetten.

Voordat je het doorhebt staat er namelijk al weer een nieuwe verandering voor de deur, die opnieuw een beroep op je flexibiliteit en aanpassingsvermogen zal doen.

*Waar ben je **vandaag** dankbaar voor, blij mee, trots op of tevreden over?
*Geef deze dag een **gelukscijfer**:

19 mei

Je kunt angst op drie niveaus leren verminderen: via je *lichaam* (ontspannen), je manier van *denken* (redelijker denken) en via het veranderen van je *gedrag* (minder vermijden).

*Waar ben je **vandaag** dankbaar voor, blij mee, trots op of tevreden over?
*Geef deze dag een **gelukscijfer**:

20 mei

Bij mensen die niet ontbijten daalt de bloedsuikerspiegel, met als gevolg dat zij nerveus en geprikkeld raken. Als de bloedsuikerspiegel sterk daalt, zwellen de zenuwcellen op om meer energie uit het bloed te halen. Dit proces gaat gepaard met sterke onlustgevoelens en kan hoofdpijn en somberheid veroorzaken.

*Waar ben je **vandaag** dankbaar voor, blij mee, trots op of tevreden over?
*Geef deze dag een **gelukscijfer**:

21 mei

Als je moeite hebt met inslapen of als je te veel piekert en je wilt je tijd zo

waardevol mogelijk benutten, dan kun je ook in de meest ontspannen positie gaan mediteren. Mediteren kun je op ieder willekeurig moment van de dag; 's morgens vroeg, op je werk, tijdens de pauze, als je wacht op de trein of als je in de rij staat, 's avonds voordat je naar bed gaat.

*Waar ben je **vandaag** dankbaar voor, blij mee, trots op of tevreden over?
*Geef deze dag een **gelukscijfer**:

22 mei

Er is er een ideale verhouding tussen complimenten geven en verwijten maken. Tegenover elk verwijt zouden minimaal vijf positieve interacties moeten staan. Uitsluitend positief reageren is ook niet nodig. Meer dan dertien positieve interacties tegenover een negatieve opmerking kan het effect van deze complimenten weer afzwakken.

*Waar ben je **vandaag** dankbaar voor, blij mee, trots op of tevreden over?
*Geef deze dag een **gelukscijfer**:

23 mei

Niemand is uitsluitend kwetsbaar of krachtig. Je zult van moment tot moment een andere positie op de lijn richting kracht innemen. Bijvoorbeeld bij het toegeven aan verslavings- of vermijdingsgedrag schuif je tijdelijk op in de richting van kwetsbaarheid. Door duidelijk af te spreken dat je meer in de richting van kracht gaat, kun je een goed begin maken met het aanpakken van probleemgedrag.

*Waar ben je **vandaag** dankbaar voor, blij mee, trots op of tevreden over?
*Geef deze dag een **gelukscijfer**:

24 mei

Vermijd valkuilen en doodlopende wegen. Staak de strijd tegen wat onvermijdelijk is (psychologische pijn) en richt je aandacht op het prachtig inkleuren van je leven. Problemen zijn eenzijdig en ongenuanceerd; ze zetten je vast in een mentale gevangenis. Je mogelijkheden, ondanks pijn, zijn onbeperkt, in balans en breder dan wat zich ongewenst elke dag weer aan je op lijkt te dringen.

*Waar ben je **vandaag** dankbaar voor, blij mee, trots op of tevreden over?
*Geef deze dag een **gelukscijfer**:

25 mei

Ken je het volgende frustrerende en vaak ontmoedigende fenomeen? Constructieve activiteiten worden vaak gevolgd door een emotionele dip. Denk je iets goeds te doen, voel je je daarna juist niet goed. Het goede gevoel komt meestal pas nadat je hersteld bent van de inspanning. Dat kan na een paar uur zijn, maar ook pas de volgende dag.

*Waar ben je **vandaag** dankbaar voor, blij mee, trots op of tevreden over?
*Geef deze dag een **gelukscijfer**:

26 mei

Menselijke mogelijkheden zijn onbeperkt. Er is een groot potentieel aan goedheid, vertrouwen en idealen. Stel dat je het voor elkaar zou krijgen dankbaar te zijn voor álles wat er in je leven gebeurt? Iedereen kent momenten waarop alles in het leven op zijn plaatst lijkt te vallen. Alsof je plotseling met een volkomen helder inzicht het totaal kunt overzien.

*Waar ben je **vandaag** dankbaar voor, blij mee, trots op of tevreden over?
*Geef deze dag een **gelukscijfer**:

27 mei

Gezonde verandering hoeft geen uitputtingsslag te worden. Integendeel, vaak heb je maar een paar dagen nodig. Dat merk je meestal ook tijdens korte vakanties. Gedrag waar je soms jaren mee worstelde kan dan zomaar naar de achtergrond verdwijnen. Voor grote veranderingen is er vaak niet meer nodig dan een korte tijd voorzichtig bijsturen. Niet te streng, niet te mild. Volhouden is niets anders dan steeds weer het hoopvolle en succesvolle gevoel van je eerste geslaagde korte pogingen herhalen.

*Waar ben je **vandaag** dankbaar voor, blij mee, trots op of tevreden over?
*Geef deze dag een **gelukscijfer**:

28 mei

Positieve veranderingen en groeiprocessen gaan langzaam en geleidelijk. Dat is geen prettige boodschap voor ongeduldige mensen, maar het is wel goed om te weten. Het betekent dat het zinloos is te hard te rennen of jezelf te veel te belasten. Als je jezelf minder inspant en langzamer werkt, leidt dat tot een groter en beter resultaat. Minder is meer. Ook al denk je dat je op moet schieten, het hoeft dus niet zo te zijn.

*Waar ben je **vandaag** dankbaar voor, blij mee, trots op of tevreden over?
*Geef deze dag een **gelukscijfer**:

29 mei

Iets heel graag willen, maar er niet in geloven, leidt sneller tot

teleurstellingen. Je gevoel is van cruciaal belang; zolang je niet durft te *voelen* dat je je eigen werkelijkheid mag creëren blijft het lastig verder te komen. Kinderen zijn superdromers, ook al hebben ze niets, ze spelen alles wat er maar denkbaar is. Ze zien en beleven wat er nog niet is. Als je dat als volwassene ook durft, zul je al snel leren dat wonderen wel bestaan. Alles is mogelijk.

*Waar ben je **vandaag** dankbaar voor, blij mee, trots op of tevreden over?
*Geef deze dag een **gelukscijfer**:

30 mei

Stop zelfverwijt; soms is je onmacht groter dan je kracht. Blijf extra voorzichtig en zorgzaam. Niemand is almachtig. Respecteer je gevoelige punten. Vooral pijn opgebouwd in je jeugd kan tijdelijk buiten je bereik liggen, dat wil zeggen dat je er even niets tegen kunt doen. Laat het uitrazen, beperk de schade en richt je op wat je verder zou kunnen helpen. Schrijf desnoods je problemen van je af, belicht de nare en goede kanten van een situatie en laat het daarna helemaal los.

*Waar ben je **vandaag** dankbaar voor, blij mee, trots op of tevreden over?
*Geef deze dag een **gelukscijfer**:

31 mei

Stel dat je, tot je grote schrik, wakker zou worden zonder je talenten. Welke zou je dan het meest missen? Angst heeft een signaalfunctie. *Bang zijn iets te verliezen laat je voelen waar je dankbaar voor zou kunnen zijn.* Angst is een omgekeerd bedankje; het helpt je in te zien wat echt belangrijk voor je is. Waardeer en accepteer wie je nu bent en wie je vroeger was. Zodat je integer door kunt geven aan je omgeving wat je te bieden hebt.

*Waar ben je vandaag dankbaar voor, blij mee, trots op of tevreden over?
*Geef deze dag een **gelukscijfer**:

Juni

1 juni

Onvoorwaardelijke zelfwaardering helpt je om jezelf niet langer meer te haten of in waarde te laten dalen vanwege je zwakke kanten of negatieve eigenschappen, maar ook om je te laten zien wie je eigenlijk bent. Zelfwaardering is niet iets wat van buiten moet komen, het is een geschenk dat al van binnen aanwezig is, ook al zit het soms heel diep verstopt. Je hoeft alleen maar de negatieve ballast en overbodige zelfkritiek van vele jaren weg te halen om ze te gaan zien en voelen.

*Waar ben je **vandaag** dankbaar voor, blij mee, trots op of tevreden over?
*Geef deze dag een **gelukscijfer**:

2 juni

Waardeer de dingen die je doet, niets gaat vanzelf. Veel mensen kijken alleen naar hun fouten en vergeten hoe hard ze hun best doen om iets van hun leven te maken. Beloon jezelf voor de inspanning. Wees net zo vergevingsgezind voor jezelf als je voor je beste vriend of vriendin zou zijn. Je moet leren jezelf te steunen en op te peppen als je de interne criticus volledig wilt uitschakelen. Dit noemen we het bevestigen van je eigenwaarde. Laat je leiden door de behoefte aan een zo volledig mogelijk leven.

*Waar ben je **vandaag** dankbaar voor, blij mee, trots op of tevreden over?
*Geef deze dag een **gelukscijfer**:

3 juni

Wanneer je in staat bent je 'eisen' los te laten, krijg je een meer flexibele levenshouding. Je laat je leiden door bepaalde leefregels, maar bent in staat deze aan te passen wanneer de omstandigheden daar om vragen. Je hebt voorkeuren en wensen, maar je weet dat je niet altijd kunt krijgen wat je wilt en dat het onmogelijk is om alles uit de weg te gaan wat je pijnlijk of vervelend vindt. Je richt je energie op het bereiken van je doelen zonder je op je doelen blind te staren.

*Waar ben je **vandaag** dankbaar voor, blij mee, trots op of tevreden over?
*Geef deze dag een **gelukscijfer**:

4 juni

Mensen hebben een ongekend aantal mogelijkheden in zich. Ze kunnen er door allerlei 'beperkende gedachten' niet meer over beschikken. In noodsituaties, als mensen geen tijd meer hebben om te denken, zijn ze tot de meest wonderbaarlijke dingen in staat. Dat bewijst dat ze wel over die kracht beschikken, maar er geen gebruik van maken. Door zelfbeloning en bemoedigende zelfuitspraken zijn mensen tot veel meer in staat dan ze voor mogelijk hielden.

*Waar ben je **vandaag** dankbaar voor, blij mee, trots op of tevreden over?
*Geef deze dag een **gelukscijfer**:

5 juni

In elke 'vreemde' situatie is het van belang dat je beseft dat de spanning die je voelt er voor een groot deel gewoon bijhoort. Er is maar één manier om die spanning te verminderen en dat is jezelf te trainen in het omgaan met allerlei verschillende sociale situaties. Hoe meer je dat doet, hoe gewoner het wordt. Je bouwt dan een bepaalde flexibiliteit op en je leert vaardigheden om je staande te houden. Iedereen is in staat deze vaardigheden te leren. Er is niets geheimzinnigs of mysterieus aan.

*Waar ben je **vandaag** dankbaar voor, blij mee, trots op of tevreden over?
*Geef deze dag een **gelukscijfer**:

6 juni

Luisteren betekent dat je op zoek gaat naar nieuwe informatie. Niet om te veroordelen, maar om te begrijpen. Hoe meer je weet, hoe meer er waarschijnlijk te 'vergeven' valt. Begrip kweekt sympathie, verdraagzaamheid en vriendelijkheid. Als luisteraar ben je een onderzoeker, niet van de inquisitie. Er hoeft niemand voor het gerecht gesleept te worden. Het doel is niet veroordeling maar begrip. Luisteren is hetzelfde als een aardig compliment geven.

*Waar ben je **vandaag** dankbaar voor, blij mee, trots op of tevreden over?
*Geef deze dag een **gelukscijfer**:

7 juni

De verwerking van een verlies of schokkende gebeurtenissen gaat meestal automatisch. Vaak voel je vanzelf de behoefte om te praten, om aan anderen te vertellen wat je hebt meegemaakt, welke emoties je ervaart en wat het

voor je betekent. Sommige mensen verwarren deze behoefte om erover te praten met 'sensatiezucht' maar dat is onterecht. Indrukwekkende gebeurtenissen *moet* je gewoon doorvertellen. Het is een manier om de gebeurtenis te verwerken.

*Waar ben je **vandaag** dankbaar voor, blij mee, trots op of tevreden over?
*Geef deze dag een **gelukscijfer**:

8 juni

Gezonde grenzen zijn van groot belang. Ze bevorderen een gezonde relatie met jezelf en anderen. Ze helpen je je doelen te bereiken. Duidelijke grenzen houden negatieve invloeden op een afstand en trekken positieve invloeden aan.
Met duidelijke grenzen weet je wie je bent en wat je sterke en zwakke punten zijn. In plaats van 'perfect' durf je 'echt' te zijn. Mensen weten wat ze aan je hebben.

*Waar ben je **vandaag** dankbaar voor, blij mee, trots op of tevreden over?
*Geef deze dag een **gelukscijfer**:

9 juni

Stel dat je een bepaalde prestatie vanuit een 'alles- of- niets'- blik als waardeloos zou beoordelen. Misschien is het niet het beste wat je ooit gedaan hebt en scoor je er een 5 mee, dat is in jouw ogen beneden je eigen gemiddelde. Toch betekent een 5 dat er ook dingen *wel* goed zijn gegaan. Je kunt eraan werken om het de volgende keer net iets beter te doen. Probeer te accepteren dat de ene helft van je prestaties nu eenmaal beneden je eigen gemiddelde zal uitkomen en de andere helft boven je gemiddelde.

*Waar ben je **vandaag** dankbaar voor, blij mee, trots op of tevreden over?
*Geef deze dag een **gelukscijfer**:

10 juni

Is het een verdienste als je met een prachtig uiterlijk geboren wordt, of is het een tekortkoming als je uiterlijk minder volmaakt is? Waarom zou je de relatie met je eigen lichaam aantasten? Het is je belangrijkste bondgenoot en levenspartner. Wellicht kun je er *vrede mee sluiten* zodat jij en je lichaam samen kunnen werken aan dezelfde doelen; meer zelfacceptatie en zelfrespect en meer uit je leven halen.

*Waar ben je **vandaag** dankbaar voor, blij mee, trots op of tevreden over?
*Geef deze dag een **gelukscijfer**:

11 juni

Speel, ga nog eens naar een pretpark (eventueel samen met een kind) en kies *de plezierige ervaringen* die je vroeger gemist hebt. Neem alsnog muzieklessen, volg een opleiding en wees net zo aardig voor jezelf als je voor het liefste kind zou zijn. Hele delen van je jeugd kun je op een prettige nieuwe, positieve en constructieve manier, als volwassene *bewust* overdoen.

*Waar ben je **vandaag** dankbaar voor, blij mee, trots op of tevreden over?
*Geef deze dag een **gelukscijfer**:

12 juni

Van alle miljoenen momenten op een rij heb je alleen dit moment. Door op dit moment iets te doen of te veranderen maak je een begin met je vooruitgang. 'Dat kan ik *niet*', bestaat niet. Je hebt hooguit nog niet geleerd hoe het moet. Soms kun je je zo druk maken om een probleem dat je het echt helemaal niet meer ziet zitten. Achteraf kun je dan met enige afstand denken: heb ik me daar zo vreselijk druk om gemaakt? Zo gaat het vaak.

*Waar ben je **vandaag** dankbaar voor, blij mee, trots op of tevreden over?
*Geef deze dag een **gelukscijfer**:

13 juni

Minder doen kan meer opleveren. Durf erop te vertrouwen dat je ware talenten beter tot hun recht komen als je jezelf de tijd gunt om ze stap voor stap te ontwikkelen. Eenvoud kan sneller leiden naar overvloed, omdat het je in staat stelt rechtstreeks contact te houden met je authentieke innerlijke behoeften. Vertrouw erop dat dingen ook vanzelf naar je toe komen, je hoeft niet zo hard achter succes aan te rennen.

*Waar ben je **vandaag** dankbaar voor, blij mee, trots op of tevreden over?
*Geef deze dag een **gelukscijfer**:

14 juni

Eerlijk, echt en 'kloppend' zijn, roept altijd vertrouwen op. Dit betekent dat als je er durft te staan met je fouten, met je beperkingen en met je zenuwen, je geloofwaardigheid toeneemt. Niets maakt een presentatie beter dan echte emoties. Dat wat het meest persoonlijk is, wordt dikwijls door iedereen herkend.

*Waar ben je **vandaag** dankbaar voor, blij mee, trots op of tevreden over?
*Geef deze dag een **gelukscijfer**:

15 juni

Het leven zit vol vreemde tegenstellingen: hoe meer je je tegen iets verzet, hoe groter de kans dat je er juist extra last van krijgt. Hoe harder je jezelf gaat verdedigen, hoe minder je geloofd wordt. Hoe heviger je naar iets verlangt, hoe verder het dan weg lijkt te zijn. Bij alles waar het woordje 'te' voor staat, loop je het risico juist dat te krijgen wat je met het woordje 'te' probeert te voorkomen.

*Waar ben je **vandaag** dankbaar voor, blij mee, trots op of tevreden over?
*Geef deze dag een **gelukscijfer**:

16 juni

Erkenning en spijt veranderen mensen. Iemand die bereid is de verantwoordelijkheid op zich te nemen voor wat er gebeurd is, zal minder snel weer in de oude fouten vervallen. Eerlijk zijn brengt mensen dichter bij elkaar, ook al is het echt praten over wat er gebeurd is erg stressvol. Eerlijkheid, zonder de ander de schuld te geven of steeds in de verdediging te schieten, is een noodzakelijke basis voor het herstellen van vertrouwen.

*Waar ben je **vandaag** dankbaar voor, blij mee, trots op of tevreden over?
*Geef deze dag een **gelukscijfer**:

17 juni

Hopeloosheid is een *symptoom van depressie* en maakt het redelijk bekijken en inschatten van een probleemsituatie onmogelijk. Alles wat een gevoel van hopeloosheid maar iets kan verlichten is meegenomen, ook al lijkt het aanvankelijk maar heel weinig te helpen. Realiseer je dat veel meer mensen hetzelfde probleem hebben en dat je er met anderen, desnoods anoniem, over kunt praten.

*Waar ben je **vandaag** dankbaar voor, blij mee, trots op of tevreden over?
*Geef deze dag een **gelukscijfer**:

18 juni

Wat maakt dat je wilt opgeven, wat maakt dat je wilt doorzetten? Wat is ervoor nodig om de negatieve keerzijde van verandering te beperken? Midden in verandering is de angst het grootst en kom je in de verleiding op te geven. Welk goed voorbeeld of rolmodel zou je kunnen helpen door te gaan?

*Waar ben je **vandaag** dankbaar voor, blij mee, trots op of tevreden over?
*Geef deze dag een **gelukscijfer**:

19 juni

Welke negatieve conclusies trek je uit een schokkende gebeurtenis ten aanzien van jezelf, de wereld en je toekomst? We willen benadrukken dat negatieve conclusies over jezelf onterecht zijn en vooral schaamte en schuldgevoelens veroorzaken. Na een goede verwerking moet het ook mogelijk zijn redelijke of positieve conclusies te bedenken over jezelf, de wereld en de toekomst.

*Waar ben je **vandaag** dankbaar voor, blij mee, trots op of tevreden over?
*Geef deze dag een **gelukscijfer**:

20 juni

Vitamine acceptatie: angst overwin je door zelfacceptatie te bevorderen. Schaarste overwin je door anderen te geven wat je zelf zou willen hebben.

Ontevredenheid overstijg je door telkens heel bewust stil te staan bij alles waar je blij mee, trots op, tevreden over of dankbaar voor bent.

*Waar ben je **vandaag** dankbaar voor, blij mee, trots op of tevreden over?
*Geef deze dag een **gelukscijfer**:

21 juni

Zomer: de top van de groeicurve, de finale of finish. Planten en bomen zijn volgroeid, alles is uitgekomen. Tijd voor het oogsten. Ontspanning, feest, vakantie, samen leuke dingen doen. De beloning voor een jaar werken. Vanuit een volwassen, ontspannen positie tijd voor het verbreden van je horizon. Groeimogelijkheden ontdekken en zichtbaar maken. Aan de rand van het zwembad filosoferen over waar je nog naartoe zou willen.

*Waar ben je **vandaag** dankbaar voor, blij mee, trots op of tevreden over?
*Geef deze dag een **gelukscijfer**:

22 juni

Zit je nog op het goede spoor, leef je in overeenstemming met je persoonlijke doelen en dromen? Of ben je onder de werkdruk gezwicht voor verleidingen die niet goed voor je zijn? Eventueel licht bijsturen, leren van gemaakte fouten. Je voornemen na de vakantie meer weloverwogen en rustiger aan de slag te gaan. Transformatie naar een hoger niveau.

*Waar ben je **vandaag** dankbaar voor, blij mee, trots op of tevreden over?
*Geef deze dag een **gelukscijfer**:

23 juni

Bloeien en groeien. Wat heb je nog nodig, wat zijn je wensen en waarden? Praat met mensen die je vertrouwt. Zwicht niet voor makkelijke verleidingen. Feliciteer jezelf, je bent geslaagd, de verandering is gelukt. Ben je erop vooruitgegaan? Welke andere kansen worden er zichtbaar? Hoe voorkom je dat je het slachtoffer wordt van je eigen succes en wegzakt in zelfgenoegzaamheid? Hoe kun je vanuit een nieuw hogere niveau verder gaan? Wat is er nodig om verder te klimmen?

*Waar ben je **vandaag** dankbaar voor, blij mee, trots op of tevreden over?
*Geef deze dag een **gelukscijfer**:

24 juni

Zie storende gedachten als medepassagiers in een bus. Kun je al je belemmerende gedachten zien als een paar onaangename mensen in een bus en toch gewoon blijven zitten om bij je bestemming te komen? Wat geeft meer problemen: je medepassagiers rustig laten zitten of ze 'sommeren' de bus te verlaten omdat ze je niet aanstaan? Lukt het om je (gedachte)omgeving niet te corrigeren maar te trotseren (te weerstaan)?

*Waar ben je **vandaag** dankbaar voor, blij mee, trots op of tevreden over?
*Geef deze dag een **gelukscijfer**:

25 juni

Probeer bewust te werken aan het verbeteren van je contacten door minder snel te oordelen, je op de goede kanten te richten en zelf integer/betrouwbaar te blijven. Gun je omgeving ruimhartig haar wensen. Niets werkt zo aanstekelijk als een positief voorbeeld. Jij mag de verandering in gang zetten die je ook graag om je heen zou zien.

*Waar ben je **vandaag** dankbaar voor, blij mee, trots op of tevreden over?
*Geef deze dag een **gelukscijfer**:

26 juni

Mobiliseer een gevoel van verbondenheid. Laat je niet buitensluiten en duw anderen ook niet weg. Niemand kan echt eenzaam zijn, omdat we allemaal met elkaar verbonden zijn. Je kunt hooguit het gevoel van contact missen, maar dat wil niet zeggen dat het er niet is. Er is genoeg voor iedereen. Geluk groeit. De visie dat er niet voldoende zou zijn, maakt dat we ons afschermen, in de verdediging schieten en onze leefruimte steeds meer inperken.

*Waar ben je **vandaag** dankbaar voor, blij mee, trots op of tevreden over?
*Geef deze dag een **gelukscijfer**:

27 juni

Denk eens aan alles wat anderen met liefde hebben gemaakt en waar jij van kon genieten of wat jou verder heeft geholpen. Doe wat je van binnenuit moet doen, ondanks jezelf, dankzij jezelf en vooral met je eigen unieke kwaliteiten. Er is er maar één die het op jouw manier kan doen. Er is er maar één die kan geven wat jij te bieden hebt.

*Waar ben je **vandaag** dankbaar voor, blij mee, trots op of tevreden over?
*Geef deze dag een **gelukscijfer**:

28 juni

Mensen met een goed zelfbeeld hoeven hun goede gevoelens niet te halen uit de waardering van anderen. Als je geneigd bent toe te geven omdat je bang bent voor vervelende gevoelens, probeer dan te benoemen wat er door je heen gaat. Bijvoorbeeld: 'Ik ben doodsbang afgewezen te worden.' Houd vervolgens toch voet bij stuk, geef jezelf geen keuze. Nee is nee. Hoe zou iemand die je echt bewondert en respecteert 'nee' zeggen? Zie hem of haar als gezond voorbeeld.

*Waar ben je **vandaag** dankbaar voor, blij mee, trots op of tevreden over?
*Geef deze dag een **gelukscijfer**:

29 juni

Het gunstigste geluksniveau is dichterbij en 'gewoner' dan je zou denken. Streef naar een 7 en beleef daardoor een 9! Juist in je dagelijkse leven kun je zomaar onverwachts verrast worden door zuivere, waardevolle ervaringen. Je verwachtingen bijstellen heeft op allerlei gebieden een gunstig effect.

*Waar ben je **vandaag** dankbaar voor, blij mee, trots op of tevreden over?
*Geef deze dag een **gelukscijfer**:

30 juni

Speel een film af in je hoofd met de beste en sterkste momenten uit je leven. Het terughalen van succes heeft psychologische en fysiologische gunstige effecten; het maakt je weerbaarder, onafhankelijker, jonger en sterker. Laat los wat anderen van je vinden en haal je respect uit jezelf. Begrip en compassie naar binnen en naar buiten toe, werkt geneeskrachtig.

*Waar ben je **vandaag** dankbaar voor, blij mee, trots op of tevreden over?
*Geef deze dag een **gelukscijfer**:

Juli

1 juli

Als je jezelf onder alle omstandigheden blijft waarderen en accepteren, wordt het ook voor anderen makkelijker. Mensen die hun zelfwaardering uit zichzelf weten te halen, zijn niet meer afhankelijk van de mening van anderen. Zelfwaardering wordt vaak gekoppeld aan externe factoren (anderen, prestaties, uiterlijk schoon enzovoort) en niet aan interne factoren. Het is dus van groot belang dat je jezelf blijft waarderen en accepteren en dat je leert te vertrouwen op je eigen mogelijkheden.

*Waar ben je **vandaag** dankbaar voor, blij mee, trots op of tevreden over?
*Geef deze dag een **gelukscijfer**:

2 juli

Perfectionisme of zwart-wit denken veroorzaakt de angst voor fouten of niet perfect zijn, omdat je jezelf dan ziet als een complete mislukkeling. Je voelt je waardeloos. Je vergeet dan dat niemand perfect is. Deze manier van denken is onrealistisch, omdat het leven zelden zwart of wit is. Niemand is compleet briljant of totaal stom. Niemand is helemaal aantrekkelijk of totaal lelijk. Als je een fout maakt, heb je niet alles fout gedaan. Als je zwart-wit denkt, zul je niet aan je eigen overdreven verwachtingen kunnen voldoen. En dat is slecht voor je zelfwaardering.

*Waar ben je **vandaag** dankbaar voor, blij mee, trots op of tevreden over?
*Geef deze dag een **gelukscijfer**:

3 juli

Tegenslagen of teleurstellingen beoordeel je op hun ware omvang. Je hanteert daarbij de categorieën: licht, matig, ernstig en zeer ernstig. Indien nodig praat je er met anderen over en je staat open voor hulp en advies. Je beseft dat jij niet de macht hebt om te bepalen of iets wel of niet mag gebeuren en dat veel dingen gebeuren zonder dat je erom gevraagd hebt. Je neemt verantwoordelijkheid voor je eigen leven, maar verwart dit niet met jezelf overal de schuld van geven.

*Waar ben je **vandaag** dankbaar voor, blij mee, trots op of tevreden over?
*Geef deze dag een **gelukscijfer**:

4 juli

Krijgen alle aspecten van je leven de aandacht die ze verdienen? Zorg voor een goede balans tussen:
-plezierige activiteiten (meer leuke dingen doen)
-uitdagende activiteiten (groeikansen benutten/ aanpakken)
-uitgestelde activiteiten (vermijdingsgedrag doorbreken)
-loslaatactiviteiten (dwangmatige controle en perfectionisme loslaten)

*Waar ben je vandaag dankbaar voor, blij mee, trots op of tevreden over?
*Geef deze dag een **gelukscijfer**:

5 juli

Er is helemaal niets op tegen om over koetjes en kalfjes te spreken. 'Small talk' is de smeerolie van de communicatie. Het onderwerp is niet belangrijk. Het gaat om het uitproberen of de ander contact wil. Bovendien lenen de omstandigheden zich er niet altijd voor om direct een zeer diepzinnig gesprek te voeren, dat hoeft ook echt niet. Het contact hebben, het bezig zijn, elkaar gezelschap houden is veel belangrijker dan een zeer interessant gesprek voeren.

*Waar ben je **vandaag** dankbaar voor, blij mee, trots op of tevreden over?
*Geef deze dag een **gelukscijfer**:

6 juli

Je kunt jezelf trainen, optimistischer te denken. Wat zou er gebeuren als je bij prettige of positieve ervaringen de oorzaak zou toeschrijven aan je eigen *algemene en blijvende* kwaliteiten? Denk iedere avond terug aan de prettigste gebeurtenis van die dag en zeg tegen jezelf: 1 Ik zal steeds meer van dit soort prettige ervaringen meemaken. 2 Ook op andere gebieden van mijn leven zal ik verbeteren en vooruitgaan. 3 Ik heb deze positieve ervaring te danken aan mijn kwaliteiten en goede eigenschappen: ... (vul er zoveel mogelijk in).

*Waar ben je **vandaag** dankbaar voor, blij mee, trots op of tevreden over?
*Geef deze dag een **gelukscijfer**:

7 juli

In plaats van trots te zijn op onze prestaties hebben we overdreven veel zelfkritiek, in plaats van positieve verwachtingen te hebben over de toekomst, houden we ons bezig met wat er allemaal mis kan gaan en in plaats van waardering voor anderen uit te spreken, zeggen we hoe ze zich behoren te gedragen. Terwijl het actief uitspreken van (zelf)waardering, hoop, dankbaarheid en erkenning, het dagelijks leven veel meer kleur kan geven en ons emotionele leven kan verrijken.

*Waar ben je **vandaag** dankbaar voor, blij mee, trots op of tevreden over?

*Geef deze dag een **gelukscijfer**:

8 juli

Het idee dat anderen jouw waarde bepalen klopt niet. Als ik bijvoorbeeld slecht over jou denk, verandert er dan iets aan wie jij bent? Kan jouw oordeel over een ander die ander plotseling veranderen? Meningen zijn meningen en geen feiten. Denk maar eens aan de oordelen over abstracte kunst. Sommigen vinden het afschuwelijk anderen fantastisch. Wat is er nu waar? Wat anderen van jou denken kan je nooit 'meer' of 'minder' maken.

*Waar ben je **vandaag** dankbaar voor, blij mee, trots op of tevreden over?
*Geef deze dag een **gelukscijfer**:

9 juli

Ga door met de volgende taak als je merkt dat je bij een bepaalde taak vastloopt. Het is de druppel die de steen uitholt. Bezig blijven is belangrijker dan eeuwig wachten op die ene topprestatie, misschien zit hij ertussen, misschien ook niet. Van tevoren zul je het nooit weten. Richt je meer op het *proces* van het presteren: dit betekent dat je je beter kunt bezighouden met wat je wél kunt en goed doet.

*Waar ben je **vandaag** dankbaar voor, blij mee, trots op of tevreden over?
*Geef deze dag een **gelukscijfer**:

10 juli

Rustige, kalme golven van positieve energie vormen een bron voor creativiteit, intuïtie, vertrouwen, liefde, plezier, inspiratie, ambitie, zorgzaamheid en alle andere voedende ervaringen die je uit jezelf en uit je eigen kracht zou kunnen halen. Vanuit je 'persoonlijke kracht' stijg je boven je dagelijkse gewoonten, minderwaardigheidsgevoelens en obsessies uit.

*Waar ben je **vandaag** dankbaar voor, blij mee, trots op of tevreden over?
*Geef deze dag een **gelukscijfer**:

11 juli

Het beste kan en mag nog komen. Heb je ooit bedacht dat ouder worden ook kan betekenen dat je sterker, wijzer en rustiger wordt? We denken vaak dat alles altijd hetzelfde blijft, of met de jaren alleen maar minder kan worden. Dat hoeft echt niet zo te zijn. Stel je bewust voor dat het meer en beter zal worden! Veel wetenschappers, ondernemers, schrijvers, musici, politici en andere beroemdheden leverden hun beste prestaties pas op latere leeftijd.

*Waar ben je **vandaag** dankbaar voor, blij mee, trots op of tevreden over?
*Geef deze dag een **gelukscijfer**:

12 juli

Probeer probleempatronen te veranderen. Breng kleine veranderingen in je gedrag aan zodra je merkt dat je gevangen raakt in steeds weer hetzelfde te doen zonder dat het tot iets leidt. We worden vaak al moe van het idee dat we moeten veranderen: hoe pak je dat aan? Kun je het *wel*? Het antwoord is heel simpel: slechts kleine eenvoudige veranderingen kunnen al tot zeer positieve resultaten leiden.

*Waar ben je **vandaag** dankbaar voor, blij mee, trots op of tevreden over?
*Geef deze dag een **gelukscijfer**:

13 juli

Je kunt een lastige grote uitgestelde taak makkelijker maken door jezelf in eerste instantie bescheiden, redelijke doelen te stellen. Door te hoge verwachtingen leg je een te grote druk op jezelf en loop je het risico dat je eindigt met niks doen. De openingszin van een schriftelijk verslag hoeft niet briljant te zijn. Begin nu, oordeel later. Er bestaat geen perfecte manier om te beginnen, doe het zoals het *jou* goed lijkt.

*Waar ben je **vandaag** dankbaar voor, blij mee, trots op of tevreden over?
*Geef deze dag een **gelukscijfer**:

14 juli

Introverte (meer naarbinnen gerichte) mensen hebben een duidelijke functie in onze samenleving. Het zijn de mensen die niet bang zijn voor stilte, die de tijd en ruimte durven te nemen om te reflecteren, rustig na te denken. Vaak weten ze hun omgeving te verrassen door precies op tijd, met een paar woorden een weloverwogen, rake opmerking te plaatsen.

*Waar ben je **vandaag** dankbaar voor, blij mee, trots op of tevreden over?
*Geef deze dag een **gelukscijfer**:

15 juli

De verhouding tussen schuldgevoel, zelfacceptatie en verantwoordelijkheid ziet er kort samengevat als volgt uit: -*Voorkom schuldgevoel (ik stap niet in de valkuil van zelfverwijt, aan begrip heb ik meer). -Leer zelfacceptatie (door bepaalde levenservaringen ben ik overgevoelig voor .. .). -Neem je verantwoordelijkheid (ik ga eraan werken om mijn gedrag/valkuil te veranderen).*

*Waar ben je **vandaag** dankbaar voor, blij mee, trots op of tevreden over?
*Geef deze dag een **gelukscijfer**:

16 juli

We zijn bijna allemaal supergevoelig voor die eigenschappen van een ander waar we bij onszelf de meeste moeite mee hebben. Als je je eigen irritaties zorgvuldig tegen het licht houdt, dan kun je er waarschijnlijk veel van leren. Het gaat hier meestal niet om exact dezelfde eigenschappen, maar meer om thema's die in je eigen leven een belangrijke rol spelen en die extra aandacht verdienen. Bijvoorbeeld: 'Zij zit altijd bij haar vriendinnen.' Dat zou kunnen betekenen: 'Ik mag best iets socialer worden.'

*Waar ben je **vandaag** dankbaar voor, blij mee, trots op of tevreden over?
*Geef deze dag een **gelukscijfer**:

17 juli

Stel dat er een wonder zou gebeuren en dat je je leven precies zo mocht inrichten als je zelf zou willen. Hoe zou het er dan uitzien? Probeer serieus over deze vraag na te denken. Als je somber bent wordt het hoog tijd te stoppen met jezelf te miskennen of af te keuren. Luister naar wat je echt van het leven wilt. De *wegen* naar je persoonlijke doelen toe komen pas weer in beeld nadat je voor jezelf je wensen durft te formuleren.

*Waar ben je **vandaag** dankbaar voor, blij mee, trots op of tevreden over?
*Geef deze dag een **gelukscijfer**:

18 juli

Het verbeteren van je leven kun je het best van binnenuit beginnen, niet van buitenaf. Binnen is meer constant en veilig, buiten verandert doorlopend en biedt weinig houvast. Ook al groei je in je leven, jij blijft altijd je unieke zelf. Kijk maar naar je uiterlijk of andere uiterlijke zaken; ze veranderen waar je bij staat. Je hebt er maar tot op zekere hoogte controle over. Je innerlijk heb je volledig in eigen hand; je kunt het net zo mooi maken als je zelf wilt. Vanbinnen heb je onbeperkte ontwikkelingsmogelijkheden.

*Waar ben je **vandaag** dankbaar voor, blij mee, trots op of tevreden over?
*Geef deze dag een **gelukscijfer**:

19 juli

In het woord 'GELUK' vatten we samen welke ingrediënten volgens ons van belang zijn voor het uitbreiden van positieve emoties en het vergroten van zelfvertrouwen: **G**eloven in jezelf en in je doelen **E**én ding tegelijk doen, de tijd is je beste vriend **L**oslaten van negatieve gedachten **U**itrusten **K**racht halen uit interne aanmoediging

*Waar ben je **vandaag** dankbaar voor, blij mee, trots op of tevreden over?
*Geef deze dag een **gelukscijfer**:

20 juli

Wat is de kracht van FOUTEN? Ze geven je: **F**eedback over je inspanningen, het zijn: **O**bstakels die je dwingen na te denken **U**itdagingen die naar volwassenheid leiden **T**egenslagen die je mentaal scherp en speels houden **E**ervolle uitnodigingen voor nieuwe kansen en **N**atuurlijke paden naar ontwikkeling en vooruitgang

*Waar ben je **vandaag** dankbaar voor, blij mee, trots op of tevreden over?
*Geef deze dag een **gelukscijfer**:

21 juli

Mensen zijn vaak stomverbaasd als ze merken dat hun lichaam protesteert. Ze interpreteren lichamelijke klachten als signalen dat er lichamelijk iets *mis* moet zijn. Ze kunnen zich nauwelijks voorstellen dat emoties zich ook en vooral fysiek uiten. Bijna iedereen kan zich goed voorstellen dat lichamelijke energie letterlijk door het hele lichaam gaat, inclusief het hoofd. Andersom geldt voor geestelijke energie precies hetzelfde: die verplaatst zich door en bereikt het *totale* lichaam.

*Waar ben je **vandaag** dankbaar voor, blij mee, trots op of tevreden over?
*Geef deze dag een **gelukscijfer**:

22 juli

Bewust je aandacht richten op het goede in je omgeving loont de moeite. Kun je actief de kwaliteiten in anderen opsporen en openlijk je waardering uiten voor wat iemand goed doet? Zorg voor een toename van positieve emoties in je directe omgeving. Het is een absolute noodzaak voor een prettige en productieve samenleving.

*Waar ben je **vandaag** dankbaar voor, blij mee, trots op of tevreden over?
*Geef deze dag een **gelukscijfer**:

23 juli

Zie obstakels en belemmeringen nooit als teken dat je op moet geven. Ze horen bij het voortgangsproces. Leer er mee om te gaan. Elk overwonnen obstakel wordt een aangeleerde vaardigheid (een gescoord doelpunt). Overwinningen kan niemand je ooit nog afnemen.

*Waar ben je **vandaag** dankbaar voor, blij mee, trots op of tevreden over?
*Geef deze dag een **gelukscijfer**:

24 juli

Gedachten kun je vanaf een afstandje rustig bekijken. Vooral bij emotionele problemen en pijn kan het de moeite lonen enige afstand van je gedachten te nemen. Gedachten kun je zien als persoonlijke 'mentale meningen'. Bedank je brein voor elk voorstel of idee zonder er direct van uit te gaan dat het voor honderd procent waar is. Je kunt etiketten en omschrijvingen ook rustig voorbij laten komen zonder er volledig in op te gaan.

*Waar ben je **vandaag** dankbaar voor, blij mee, trots op of tevreden over?
*Geef deze dag een **gelukscijfer**:

25 juli

Wie als vaste gewoonte alle levensomstandigheden zo gunstig mogelijk blijft interpreteren, zich richt op wat er goed aan is en hardnekkig in het goede blijft geloven, creëert daarmee zijn eigen positieve werkelijkheid. Alsof het leven braaf een zonnige blik blijft volgen. Kracht zien is kracht krijgen.

*Waar ben je **vandaag** dankbaar voor, blij mee, trots op of tevreden over?
*Geef deze dag een **gelukscijfer**:

26 juli

Wat zeggen de ontelbare meningen van de eveneens ontelbare mensen over wie jij bent? Het zijn geen feiten maar gekleurde opinies, bepaald door allerlei factoren in anderen waar je nauwelijks invloed op hebt en waar je je al helemaal niet druk over hoeft te maken. 'Trek het je niet aan,' hoor je vaak. Een kledingstuk dat je niet aanstaat trek je ook niet aan. Dus besteed geen aandacht aan vluchtige, door stemmingswisselingen gekleurde opvattingen over jou.

*Waar ben je **vandaag** dankbaar voor, blij mee, trots op of tevreden over?
*Geef deze dag een **gelukscijfer**:

27 juli

Wat verwacht je van de toekomst en wat zijn je meest positieve herinneringen? Mooie toekomstverwachtingen en prettige herinneringen beïnvloeden je huidige geluksniveau. Door positief terug- én vooruit te kijken ga je je *nu* direct al beter voelen. Net zoals het besef dat je bezigheden zinvol zijn en dat je iets voor anderen kunt betekenen.

*Waar ben je **vandaag** dankbaar voor, blij mee, trots op of tevreden over?
*Geef deze dag een **gelukscijfer**:

28 juli

Geef je anderen makkelijk het gevoel dat ze slim, goed en getalenteerd zijn? Hopelijk wel, want een omgeving bloeit op bij complimenten. Het haalt het beste in mensen naar boven. Het is zo makkelijk anderen af te kraken, wellicht moet je soms net wat verder kijken om iets waardevols te zien, maar het loont de moeite.

*Waar ben je **vandaag** dankbaar voor, blij mee, trots op of tevreden over?
*Geef deze dag een **gelukscijfer**:

29 juli

Als de eerste resultaten uitblijven, zit je nog in de prefase van succes. Het heeft wel degelijk zin vol te houden en achter je eigen keuzes te blijven staan. Je kunt altijd nog terug of compromissen sluiten. Zolang je vandaag voldoende hebt om te overleven en je leven is zinvol in te kleuren dan is er niets aan de hand. *Geduld is goud waard. Laat de resultaten even los en doe wat je graag doet.*

*Waar ben je **vandaag** dankbaar voor, blij mee, trots op of tevreden over?
*Geef deze dag een **gelukscijfer**:

30 juli

Zorg dat je altijd doelen houdt, klein en groot, bescheiden en *overmoedig*. Je weet het maar nooit – houd je hoop levend. Stel dat je een ideale levensbeschrijving zou maken, wat moet er zeker in staan? Hoe wil je herinnerd worden? Wat is typerend voor jouw inzet en bijdrage? Hoe zou een zorgvuldig gemaakt portret van jouw leven eruit moeten zien?

*Waar ben je **vandaag** dankbaar voor, blij mee, trots op of tevreden over?
*Geef deze dag een **gelukscijfer**:

31 juli

Rijkdom is simpel. Kijk, hier en nu, naar je leven. Bezit je wat je nodig hebt? Je hebt uitsluitend dit moment en dat zal altijd zo blijven. De toekomst en het verleden zijn ongrijpbaar. *Wie dit moment tevreden kan zijn, heeft het mysterie van het leven ontrafeld.* Waar maak je je druk over? Je leeft alleen nu. Dat is het enige tastbare. Profiteer ervan.

*Waar ben je **vandaag** dankbaar voor, blij mee, trots op of tevreden over?
*Geef deze dag een **gelukscijfer**:

Augustus

1 augustus

Zelfwaardering hoef je niet te verdienen. Waarschijnlijk zijn we allemaal op zoek naar iemand die ons onder alle omstandigheden blijft waarderen en accepteren. Je kunt in ieder geval beginnen het zelf te doen. Als kind had je weinig keuze en was je afhankelijk van de goedkeuring en waardering van je ouders. Nu je volwassen bent, kun je het zelf.

*Waar ben je **vandaag** dankbaar voor, blij mee, trots op of tevreden over?
*Geef deze dag een **gelukscijfer**:

2 augustus

Jezelf een etiket opplakken, is niet alleen jezelf naar beneden halen, het is ook niet gebaseerd op de werkelijkheid. Je kunt je *zelf* niet gelijkstellen met wat je doet of aan één eigenschap die je bezit. Je leven is een complex en altijd veranderende stroom van gedachten, gevoelens en gedragingen. Eén woord kan daarom nooit beschrijven wie je bent. En zelfs een heleboel woorden (bijvoorbeeld een biografie) blijft een beschrijving van de werkelijkheid, nooit de werkelijkheid zelf.

*Waar ben je **vandaag** dankbaar voor, blij mee, trots op of tevreden over?
*Geef deze dag een **gelukscijfer**:

3 augustus

Je weet dat het bereiken van je doelen inspanning kost. Je traint jezelf in het opbouwen van uithoudingsvermogen. Zolang het je helpt om je doelen te verwezenlijken, ben je in staat frustraties, ongemak en negatieve gevoelens te doorstaan; zonder deze erger te maken dan ze zijn. Er is een evenwicht tussen de voldoening die hoort bij het bereiken van langetermijndoelen en het plezier van kortetermijndoelen. Je stelt taken niet uit, maar deelt ze op in kleine stappen.

*Waar ben je **vandaag** dankbaar voor, blij mee, trots op of tevreden over?
*Geef deze dag een **gelukscijfer**:

4 augustus

Ga niet wachten tot je positieve persoonlijke reclameboodschappen 'uitkomen' of zeg niet bij een tegenslag: 'Zie je wel, die positieve teksten helpen toch niet.' Je laat de persoonlijke zelfbevestigingen regelmatig voorbijkomen, herhaling is belangrijk! Op de langere termijn zullen de positieve effecten zichtbaar worden. Denk maar aan de reclameboodschappen die je dagelijks hoort. Oefen en ontspan je dagelijks en wees bereid het telkens opnieuw te proberen bij eventuele tegenslagen.

*Waar ben je **vandaag** dankbaar voor, blij mee, trots op of tevreden over?
*Geef deze dag een **gelukscijfer**:

5 augustus

Ook hele mooie mensen, ook hele rijke mensen, ook hele succesvolle mensen en ook hele geleerde mensen kennen onzekerheid. Als psycholoog in een grote stad, kom je in je praktijk veel verschillende soorten mensen tegen.

Vaak kun je aan de buitenkant onmogelijk zien dat zij zich in werkelijkheid erg onzeker en kwetsbaar kunnen voelen. Van elkaar denken zij dat de ander 'het helemaal gemaakt heeft en geen onzekerheid kent.'

*Waar ben je **vandaag** dankbaar voor, blij mee, trots op of tevreden over?
*Geef deze dag een **gelukscijfer**:

6 augustus

Hoe meer je jezelf durft te zijn hoe dichter je bij andere mensen kunt komen. Achter het accepteren van wie je werkelijk bent, liggen de goede antwoorden over jezelf. Positief denken wil vooral zeggen dat je jezelf er aan herinnert dat je niet in gevaar bent. Dat iedereen zijn eigen vermogen heeft om pijn, angst en eenzaamheid aan te kunnen en in contact te komen met wie hij werkelijk is.

*Waar ben je **vandaag** dankbaar voor, blij mee, trots op of tevreden over?
*Geef deze dag een **gelukscijfer**:

7 augustus

Een hoge intelligentie lijk je bij voorkeur te 'bewijzen' door extra kritisch te zijn en door een hoogdravend taalgebruik. De vraag blijft waarom vrolijkheid, geluk en optimisme gemakkelijker en sneller gekoppeld worden aan eigenschappen als naïviteit, simplisme en oppervlakkigheid. Alsof het zo gemakkelijk is gelukkige gedachten te bedenken en vast te houden. En alsof een positieve houding en kritisch denken niet samen kunnen gaan.

*Waar ben je **vandaag** dankbaar voor, blij mee, trots op of tevreden over?
*Geef deze dag een **gelukscijfer**:

8 augustus

Nee zeggen. Je hebt er recht op dingen te weigeren. Af en toe 'nee' zeggen maakt je niet egoïstisch. Je laat ermee zien dat je jezelf en je gezondheid echt *serieus* neemt. Het woordje 'nee' is een van de moeilijkste, maar ook moedigste woorden. We willen graag gezien worden als aardig en behulpzaam. Het voelt goed om anderen te behagen. Ook al vind je iemand nog zo sympathiek vroeg of laat zul je hem of haar iets moeten weigeren.

*Waar ben je **vandaag** dankbaar voor, blij mee, trots op of tevreden over?
*Geef deze dag een **gelukscijfer**:

9 augustus

Je ego kan zich gekwetst en minderwaardig voelen, je hogere zelf nooit. Er is dus geen strijd of competitie nodig, alleen maar rust en ontspanning en het besef dat je liefde, zelfwaardering en erkenning niet met 'perfectie' hoeft te verdienen omdat het al in overvloed vanbinnen aanwezig is. Het hogere zelf stelt je steeds de vraag: 'Waarom zou je aan de buitenwereld perfectie moeten "bewijzen", als je van binnen al "volmaakt" bent?'

*Waar ben je **vandaag** dankbaar voor, blij mee, trots op of tevreden over?
*Geef deze dag een **gelukscijfer**:

10 augustus

Geluk is afhankelijk van de mate waarin je in staat bent je eigen kracht te voelen. Iets dieper in jezelf vind je tolerantie, geduld en doorzettingsvermogen. Probeer je eens voor te stellen wat mensen allemaal kunnen doen of betekenen voor elkaar. Als je dat lukt, zal het je een zorg zijn hoe je eruitziet of hoe anderen over je denken. Waarom zou alleen je uiterlijk verantwoordelijkheid moeten afleggen voor jouw zelfwaardering en leven?

*Waar ben je **vandaag** dankbaar voor, blij mee, trots op of tevreden over?
*Geef deze dag een **gelukscijfer**:

11 augustus

Formuleer je 'problemen' of , 'leerpunten' in termen van interne controle. Dus maak ook in je woordgebruik duidelijk dat je zelfde verantwoordelijkheid neemt voor je eigen leven: 'ik denk', 'ik kies', 'ik ga ervan uit'. Zelfvertrouwen, innerlijke veiligheid en zelfcontrole kunnen alleen van binnenuit komen.

*Waar ben je **vandaag** dankbaar voor, blij mee, trots op of tevreden over?
*Geef deze dag een **gelukscijfer**:

12 augustus

Een volwassene heeft gemiddeld vijftig pogingen nodig voor een leertaak. Helaas haken de meesten na de eerste tien 'missers' al af. Of zoals een leraar het uitdrukte: 'lk kan elke leerling iets leren, maar de minimale voorwaarde is wel dat ze op de les verschijnen.' Studiesucces is het in kleine stapjes realiseren van een waardevol ideaal.

*Waar ben je **vandaag** dankbaar voor, blij mee, trots op of tevreden over?
*Geef deze dag een **gelukscijfer**:

13 augustus

Denk positief. Noteer de negatieve gedachten die je angstig maken of die je een schuldgevoel bezorgen. Vervang ze door meer positieve en realistische gedachten. Trap in ieder geval niet in de valkuil van het *zelfverwijt*. Zelfverwijt lijkt nobel, maar het is niets anders dan een vorm van uitstelgedrag. Een excuus om niets te hoeven doen, je bent toch al 'slecht', je kunt het immers niet?

*Waar ben je **vandaag** dankbaar voor, blij mee, trots op of tevreden over?
*Geef deze dag een **gelukscijfer**:

14 augustus

Geniet bewust van de magische momenten vóór en tijdens een optreden. Dankzij je voorbereiding, dankzij het feit dat je de uitdaging van het spreken in het openbaar bent aangegaan, zullen je energie, moed en zelfvertrouwen automatisch meer toenemen. Op de 'grote dag' zelf lijkt alles mee te werken omdat je alleen nog maar gericht bent op het overbrengen van je informatie. Zenuwachtig of niet, jij hebt de controle.

*Waar ben je **vandaag** dankbaar voor, blij mee, trots op of tevreden over?
*Geef deze dag een **gelukscijfer**:

15 augustus

Onvoorwaardelijke positieve aandacht en zorg voor een ander werken tweeledig: je krijgt er vroeg of laat liefde en waardering voor terug en er is geen krachtiger manier om zelf voldoening te ervaren. Het onbewuste kent geen onderscheid tussen geven en ontvangen, diep vanbinnen zal het voelen alsof jij iets zeer waardevols gekregen hebt.

*Waar ben je **vandaag** dankbaar voor, blij mee, trots op of tevreden over?
*Geef deze dag een **gelukscijfer**:

16 augustus

De ander is net zo klein, zwak en kwetsbaar als jijzelf. Dat betekent dat de ander jou net zo hard nodig heeft. Jouw kracht, veiligheid, onbevangenheid en eerlijkheid. Het gaat er niet om of de ander jou wel of niet af zal wijzen. Het gaat er elke dag opnieuw om of jij bereid bent de ander iets te geven. Ontvangen is passief, geven doe je actief.

*Waar ben je **vandaag** dankbaar voor, blij mee, trots op of tevreden over?
*Geef deze dag een **gelukscijfer**:

17 augustus

Wie je echt bent, je essentie, is meer dan je fysieke verschijning. Het is een belofte van alles wat in deze wereld telt. Je onvoorwaardelijke zelf kun je uit het oog verliezen na de kleine en grote tegenslagen in je leven. In elke cultuur en religie wordt dit deel van mensen beschreven als een soort innerlijke kracht of licht dat nooit kan doven.

*Waar ben je **vandaag** dankbaar voor, blij mee, trots op of tevreden over?
*Geef deze dag een **gelukscijfer**:

18 augustus

Vragen die je jezelf kunt stellen om 'bij' te blijven: Heb ik de laatste tijd iets nieuws geleerd? Heb ik van de goede nieuwe dingen die ik geleerd heb een duurzame gewoonte gemaakt? Reageer ik minder heftig en emotioneel op veranderingen? Kan ik af en toe eens loslaten en relativeren, niet alles zo vreselijk serieus nemen?

*Waar ben je **vandaag** dankbaar voor, blij mee, trots op of tevreden over?

*Geef deze dag een **gelukscijfer**:

19 augustus

Denk nooit dat je overbodig bent of geen waarde hebt. Ieder mens heeft waarde en betekent iets in het leven van anderen. Bij somberheid denk je al snel dat je te veel bent en vergeet je wat jouw rol en bijdrage is in het leven van anderen.

*Waar ben je **vandaag** dankbaar voor, blij mee, trots op of tevreden over?
*Geef deze dag een **gelukscijfer**:

20 augustus

Eerlijk, echt en congruent zijn roept altijd vertrouwen op. Dit betekent dat als je er durft te staan met je fouten, je beperkingen en je zenuwen, je geloofwaardigheid toeneemt. Niets maakt een presentatie beter dan echte emoties. Dat wat het meest persoonlijk is, wordt vaak door iedereen herkend.

*Waar ben je **vandaag** dankbaar voor, blij mee, trots op of tevreden over?
*Geef deze dag een **gelukscijfer**:

21 augustus

Onderzoek heeft aangetoond dat mensen met pijnklachten die zich mentaal en lichamelijk leren te ontspannen, dertig tot vijftig procent minder pijn melden. Het in kleine stappen opbouwen van je conditie is ook noodzakelijk om de vicieuze pijncirkel te doorbreken. Bij de behandeling van pijn zijn er altijd weer nieuwe invalshoeken denkbaar.

*Waar ben je **vandaag** dankbaar voor, blij mee, trots op of tevreden over?

*Geef deze dag een **gelukscijfer**:

22 augustus

Jij bent belangrijk. Alles wat je denkt, zegt en doet is van betekenis voor je persoonlijke ontwikkeling en zul je op de een of andere manier op één lijn moeten brengen met je voornemens, waarden en doelen. Zodra je je reacties op wat er in het leven gebeurt constructief weet te veranderen zal het beter met je gaan.

*Waar ben je **vandaag** dankbaar voor, blij mee, trots op of tevreden over?
*Geef deze dag een **gelukscijfer**:

23 augustus

Zorg ervoor dat je niet meer gebonden bent aan zeer gedateerde, nutteloze afspraken. Ze dienen nergens meer toe en beperken je bewegingsvrijheid. Verander je visie en leer dat je nu anders bent dan vroeger. Ga actief op zoek naar oude, belemmerende contracten en vervang ze door nieuwe, meer functionele, werkbare afspraken. Gezonde overeenkomsten zijn bewust gemaakt en kunnen, indien nodig, aangepast worden aan veranderende levensomstandigheden.

*Waar ben je **vandaag** dankbaar voor, blij mee, trots op of tevreden over?
*Geef deze dag een **gelukscijfer**:

24 augustus

Veel gevoel is aangeleerd in het verleden. Je bent gewend ergens bang voor te zijn en beseft niet dat deze angst vandaag misschien helemaal niet meer nodig is. Sommige andere gevoelens zijn zo hard ontkend en genegeerd dat je ze niet meer herkent. Meestal kost het meer om iets te ontkennen dan het gewoon onder ogen te zien. De energie die het kost alle ongewenste ervaringen te verbieden of buiten te sluiten kun je veel beter benutten.

*Waar ben je **vandaag** dankbaar voor, blij mee, trots op of tevreden over?
*Geef deze dag een **gelukscijfer**:

25 augustus

Angst kan veranderen in vertrouwen als uit je gedrag, woorden, en beelden duidelijk tot uiting komt waar je naartoe wilt. *Duidelijkheid is de tegengestelde kracht van angst.* Hoe meer je weet wat je wilt en waarvoor je de dingen doet, hoe minder je belemmerd zult worden door angst. Richt je op je belangrijkste doel en tegelijkertijd zul je op meerdere fronten vooruitgang boeken.

*Waar ben je **vandaag** dankbaar voor, blij mee, trots op of tevreden over?
*Geef deze dag een **gelukscijfer**:

26 augustus

Wie een studie maakt van de meest betekenisvolle mensen voor onze samenleving, zal ontdekken dat zij hun grootste problemen hebben weten te overwinnen omdat ze een 'hoger doel' hadden. De rusteloosheid en frustraties van 'eigenbelang' lijken te verdwijnen als je vanuit meer innerlijke rust en een groot geduld vrij kunt geven wat je bezit.

*Waar ben je **vandaag** dankbaar voor, blij mee, trots op of tevreden over?
*Geef deze dag een **gelukscijfer**:

27 augustus

Neem uitgebreid de tijd voor het 'herbeleven' van waardevolle ervaringen. Blijf alert op wat je kan inspireren en motiveren. Je zelfwaardering en energie zullen duidelijk toenemen door het bewust beleven van positieve groeimomenten. Het is de mooiste manier om je doelen te bereiken. Je eigen verleden bevat, nu al, een heel spoor van behaalde doelen.

*Waar ben je **vandaag** dankbaar voor, blij mee, trots op of tevreden over?
*Geef deze dag een **gelukscijfer**:

28 augustus

Dankbaar zijn mobiliseert alle sluimerende positieve gevoelens, het geeft een extra portie positieve energie. Soms precies voldoende om het laatste deel van je werkdag goed af te sluiten. Ook in je geheugen zit een enorme hoeveelheid krachtgevende informatie opgeslagen, met het uiten van (zelf)waardering komt deze informatie vrij en daardoor groeit je zelfvertrouwen. Tel de momenten en gebeurtenissen waaruit je kunt opmaken dat het lot je gunstig gezind is en het komt je gemoedsrust én nachtrust ten goede.

*Waar ben je **vandaag** dankbaar voor, blij mee, trots op of tevreden over?
*Geef deze dag een **gelukscijfer**:

29 augustus

Mensen om je heen kunnen het je knap lastig maken. Trap daar niet in, leer verder te kijken naar een bredere horizon. De essentie van jouw ideale wereld is belangrijk. Zodra je die en alles wat daar bij hoort kunt voelen/beleven zullen de details in de werkelijkheid vanzelf volgen. *Voel je rijk en rijkdom* volgt, *voel* geluk en je welzijn zal toenemen, *voel* liefde en je wordt iemand om veel van te houden.

*Waar ben je **vandaag** dankbaar voor, blij mee, trots op of tevreden over?
*Geef deze dag een **gelukscijfer**:

30 augustus

Zolang je manieren blijft zoeken om vertrouwen uit jezelf te halen zullen anderen je op vele fronten gaan ondersteunen. Maar laat je nooit tegenhouden door de mening van anderen. Gedachten en meningen zijn vrij; je hoeft je er niet mee bezig te houden wat anderen vinden. Uiteindelijk zullen de meeste mensen moeten toegeven dat je positieve vasthoudendheid bewonderenswaardig is. Vergroot je (zelf)vertrouwen en de prettige emotionele gevolgen zullen als een magneet de gewenste resultaten aantrekken.

*Waar ben je **vandaag** dankbaar voor, blij mee, trots op of tevreden over?
*Geef deze dag een **gelukscijfer**:

31 augustus

Iedere dag bevat ontelbare rijke momenten. Wie ze opmerkt krijgt er meer van, letterlijk en figuurlijk. Het goede gevoel van waardering voor wat je, alleen nu al, bezit, trekt meer overvloed aan. Als je het gevoel hebt dat je het beste van dit leven waard bent, dan creëert je onbewuste gouden kansen om te groeien tot ongekende hoogte. Richt je op rijkdom. Dus als je je vaak genoeg kunt voorstellen dat je succesvol bent, zul je automatisch meer succes als een vertrouwd, vanzelfsprekend gevolg gaan opmerken.

*Waar ben je **vandaag** dankbaar voor, blij mee, trots op of tevreden over?

*Geef deze dag een **gelukscijfer**:

September

1 september

Je kunt jezelf waarderen en respecteren zonder er eerst iets voor te moeten doen, gewoon omdat je een mens bent, die net zoveel waardering verdient als alle anderen. Ook al zijn we niet allemaal hetzelfde, we zijn wèl allemaal gelijkwaardig. In prestaties kunnen mensen boven of onder elkaar geplaatst worden, maar in waarde staat iedereen naast elkaar. Je kunt van jezelf houden omdat je die steun en dat mededogen heel goed kunt gebruiken.

*Waar ben je **vandaag** dankbaar voor, blij mee, trots op of tevreden over?
*Geef deze dag een **gelukscijfer**:

2 september

Bij emotioneel redeneren neem je je gevoelens als bewijs voor wat je denkt. Je maakt deze fout als je denkt: 'Ik voel me schuldig, dus heb ik iets verkeerd gedaan', of 'Ik voel me hopeloos, dus zijn mijn problemen niet op te lossen', of 'Ik voel me minderwaardig, dus ik ben het ook.' Je denkt dat het hopeloos is, hierdoor voel je je hopeloos, en voer je dit gevoel als bewijs aan voor wat je denkt. Jouw gevoelens geven weer wat je denkt, niet wat de waarheid is. Als je gedachten fouten bevatten, hebben je gevoelens geen bewijskracht.

*Waar ben je **vandaag** dankbaar voor, blij mee, trots op of tevreden over?

*Geef deze dag een **gelukscijfer**:

3 september

Je probeert meer begrip op te brengen voor het feit dat de meeste mensen het erg druk hebben met hun eigen dagelijkse zorgen en problemen. Je neemt het recht om zelf de belangrijkste persoon in jouw leven te zijn. Je benadert meningsverschillen met een meer 'wetenschappelijke houding' en ziet er een mogelijkheid in je opvattingen en ideeën te toetsen. Je hoeft niet alles wat anderen doen toe te juichen. Je onderkent dat het juist de verschillen tussen mensen zijn, die mogelijkheden bieden om nieuwe dingen te ontdekken en te leren.

*Waar ben je **vandaag** dankbaar voor, blij mee, trots op of tevreden over?
*Geef deze dag een **gelukscijfer**:

4 september

Om negatieve zelfuitspraken te voorkomen tijdens het werken, studeren of in moeilijke situaties, kun je briefjes maken met een tekst waarin je jezelf ervan overtuigt dat je die situatie aankunt. Je kunt dit vergelijken met de opwekkende of aansporende woorden (peptalk) die sportmensen gebruiken om tot betere prestaties te komen of om vol te houden in moeilijke omstandigheden. Deze gewoonte is voor iedereen goed!

*Waar ben je **vandaag** dankbaar voor, blij mee, trots op of tevreden over?
*Geef deze dag een **gelukscijfer**:

5 september

Niemand zal nog uren na een ontmoeting met jou blijven piekeren over jou tekortkomingen. Anderen bekijken de wereld vanuit hun eigen perspectief, zij zijn het centrum van hun eigen wereld. Zij spelen de hoofdrol in hun eigen overdenkingen. Helaas, niet iedereen is met jou bezig, de keerzijde is gelukkig dat je er gewoon mag zijn zoals je bent. Probeer je tekortkomingen te relativeren, jij bent waarschijnlijk zelf de enige die er echt last van heeft.

*Waar ben je **vandaag** dankbaar voor, blij mee, trots op of tevreden over?
*Geef deze dag een **gelukscijfer**:

6 september

Het succes van de een hoeft niet ten koste van het succes van de ander te gaan. Vergaderingen of bijeenkomsten hoeven geen strijd meer op te leveren wanneer je ervan uitgaat dat iedereen mag winnen (jij dus ook!). Probeer niet te denken: 'Jij doet het goed, dus ik doe het niet goed.' Maar: 'Jij doet het goed, ik doe het ook goed en misschien kunnen we het samen nog beter doen!' Denk eens aan de ruimte die je creëert als je mensen niet als concurrenten maar als teamgenoten beschouwt.

*Waar ben je **vandaag** dankbaar voor, blij mee, trots op of tevreden over?
*Geef deze dag een **gelukscijfer**:

7 september

Geluk moet je vaak wel voorbereiden, maar je hoeft er niet eerst voor te lijden. Kun je wat je in je leven gemist hebt, jezelf later weer teruggeven? Kun je het ruimschoots goedmaken, herstellen en je wonden verzorgen? Tot nu toe heb je alle tegenslagen overleefd. Je jeugd hoeft geen levenslang keurslijf te blijven. Het kan en mag alsnog goed met je gaan.

*Waar ben je **vandaag** dankbaar voor, blij mee, trots op of tevreden over?

*Geef deze dag een **gelukscijfer**:

8 september

Bedenk dat je altijd het recht houdt op een toezegging of een belofte terug te komen. Als de omstandigheden of je eigen gezondheid daarom vragen, blijft het mogelijk om alsnog nee te zeggen of je mening te herzien. Vooral als je uit angst voor het nee zeggen te snel ja hebt gezegd. Ook ideeën of meningen kun je steeds opnieuw beoordelen op hun geldigheid. Je hebt er recht op van mening te veranderen.

*Waar ben je vandaag dankbaar voor, blij mee, trots op of tevreden over?
*Geef deze dag een **gelukscijfer**:

9 september

Psychologen leren mensen onderscheid te maken tussen de 'pure pijnbeleving' en het 'emotionele lijden' dat met de pijn gepaard gaat. Een pijnsignaal kan ook gebruikt worden als een gezonde waarschuwing van het lichaam dat je *het rustiger aan moet doen of meer aandacht aan je gezondheid moet besteden.* Je kunt in ieder geval leren de angst en spanning te verminderen die de pijn oproept, vaak heeft dit ook een gunstig effect op de pijnbeleving.

*Waar ben je **vandaag** dankbaar voor, blij mee, trots op of tevreden over?
*Geef deze dag een **gelukscijfer**:

10 september

Tussen denken en doen loopt een brede scheidslijn. Het is onmogelijk alles waar je ooit aan gedacht hebt in daden om te zetten; per dag gaan er vele tienduizenden gedachten door je heen. Dit betekent ook dat je aan niemand verantwoording schuldig bent over je gedachten. Op denken staat geen straf. Bovendien is niemand in staat om zelf volledig te bepalen wat er in zijn hoofd omgaat. Je bent nooit verantwoordelijk voor gedachten die onvrijwillig en ongewenst zomaar in je opkomen.

*Waar ben je **vandaag** dankbaar voor, blij mee, trots op of tevreden over?
*Geef deze dag een **gelukscijfer**:

11 september

Je kiest voor je gedrag, en dus voor de gevolgen van dat gedrag. Elke actie kent zijn eigen consequenties. Elk gedrag heeft gevolgen: negatief, neutraal of positief. Hoe zou je anders ooit kunnen leren van de dingen die je doet? Niets is overtuigender dan de gevolgen van je eigen gedrag. Anderen kunnen je duizendmaal iets zeggen, maar pas als je *zelf* de gevolgen ondervindt van je eigen gedrag kun je er iets van leren.

*Waar ben je **vandaag** dankbaar voor, blij mee, trots op of tevreden over?
*Geef deze dag een **gelukscijfer**:

12 september

Tijdens een ontwikkelingsproces is het van belang te geloven dat elke ervaring en verandering goed en veilig is en bij vooruitgang hoort. Leer van een afstandje naar jezelf te kijken en in een 'ontspannings-oase' na te gaan of wat je doet nog past bij je persoonlijke doelen. Als taken geen uitdaging meer vormen, bekijk dan rustig vanaf enige afstand wat je kunt doen om ze aan je wensen aan te passen. Zodanig dat ze passen bij je gevoel en recht doen aan je intelligentie.

*Waar ben je **vandaag** dankbaar voor, blij mee, trots op of tevreden over?
*Geef deze dag een **gelukscijfer**:

13 september

Door een taak uit te spreiden over een ruime periode voor een deadline, maak je optimaal gebruik van de tijd. Onvoorziene obstakels kun je nog eenvoudig uit de weg ruimen. Je hoeft elke dag maar een klein stukje te doen en de rest gaat bijna vanzelf. Als je wacht tot het laatste moment kan de druk zo hoog oplopen dat je niet helder meer kunt denken en handelen.

*Waar ben je **vandaag** dankbaar voor, blij mee, trots op of tevreden over?
*Geef deze dag een **gelukscijfer**:

14 september

Beschouw het (rij)examen als een belangrijke extra les. Deze les is een extra uitdaging, niet meer en niet minder. Bedenk: 'Misschien mag ik na deze extra les stoppen met lessen. Misschien moet ik nog een tijd doorlessen, net zolang tot het niet meer nodig is. Het doet er eigenlijk niet toe. Ik ben nu al gewend elke week een les te volgen. Ik blijf, zolang het nodig is, in dit tempo doorgaan. Slagen is prettig, en ik zal tijdens deze extra les of bij een volgende ook slagen!'

*Waar ben je **vandaag** dankbaar voor, blij mee, trots op of tevreden over?
*Geef deze dag een **gelukscijfer**:

15 september

De meeste mensen weten diep vanbinnen echt wel wat goed voor hun relatie is. Dat is de richting van de redelijke middenweg, met voldoende ruimte voor liefde en aandacht, maar ook als dat nodig is zelfdiscipline en opbouwende kritiek. Het blijft de kunst om niet van het ene uiterste naar het andere te schieten. Neem regelmatig de tijd om na te gaan of het bijsturen van je gedrag wenselijk is.

*Waar ben je **vandaag** dankbaar voor, blij mee, trots op of tevreden over?
*Geef deze dag een **gelukscijfer**:

16 september

Je kunt je met alle recht van de wereld veilig vestigen achter de muren van je gelijk en (voor)oordelen. Niemand zal je dat kwalijk nemen, je hebt zelfs genoeg mensen die vinden dat het zo hoort. Het neemt alleen wel alle zicht weg op wat er nog aan wonderen mogelijk is, op wat een ander je nog te bieden heeft. In een relatie word je constant getoetst op je bereidheid verder te kijken dan wat je met je ogen kunt zien.

*Waar ben je **vandaag** dankbaar voor, blij mee, trots op of tevreden over?
*Geef deze dag een **gelukscijfer**:

17 september

Houvast en steun zoeken. Welke *mogelijkheden* zie je nog in een schijnbaar hopeloze situatie, wat biedt houvast? Richt al je aandacht op wat je nu direct of na enige bedenktijd nog *wel* kunt doen. In welke mate ben je nog in staat om een moeilijke situatie positief te beïnvloeden? Wie kan je helpen? En misschien nog wel belangrijker: hoe kun je je eigen houding ten aanzien van een tegenslag zo goed mogelijk onder controle houden?

*Waar ben je **vandaag** dankbaar voor, blij mee, trots op of tevreden over?
*Geef deze dag een **gelukscijfer**:

18 september

Verpak je eigen kritiek op moeilijke mensen altijd in een *'positieve sandwich'*. Bijvoorbeeld: ik vind jouw inzet bij dit project prima *(positief)*, het valt me op dat je de laatste weken iets vaker uit je slof schiet *(de kritiek)*, maar met jouw vaardigheden en capaciteiten moet het mogelijk zijn daar voortaan iets beter op te letten *(positief)*.

*Waar ben je **vandaag** dankbaar voor, blij mee, trots op of tevreden over?
*Geef deze dag een **gelukscijfer**:

19 september

Gericht zijn op vooruitgang betekent dat je na een moeilijke situatie jezelf afvraagt: 'Wat heb ik goed gedaan?' Vervolgens beloon je jezelf daarvoor. Zo 'dwing' je jezelf te letten op vooruitgang.

*Waar ben je **vandaag** dankbaar voor, blij mee, trots op of tevreden over?
*Geef deze dag een **gelukscijfer**:

20 september

Stel duidelijke grenzen. Hoeveel contact wil je eigenlijk met je familie? Wie mag er dichtbij komen en wie juist niet? Wat is voor jou een acceptabele vorm van omgaan met elkaar? Hoeveel uur wil en kun je blijven? Bedenk je grenzen ruim van tevoren en bewaak ze zorgvuldig. Durf nee te zeggen. Vanuit emotionele veiligheid kun je ook makkelijker de goede kanten van anderen zien.

*Waar ben je **vandaag** dankbaar voor, blij mee, trots op of tevreden over?
*Geef deze dag een **gelukscijfer**:

21 september

Herfst: loslaten. Prachtige kleuren, heerlijke geuren en uiteindelijk het 'loslaten' van veel groen. Een paradoxaal jaargetijde: aan de ene kant beginnen in het najaar alle nieuwe opleidingen en start geleidelijk aan overal het nieuwe 'werkjaar'. Aan de andere kant moet je alles wat daarvoor was weer loslaten. Opwinding over het nieuwe en met enige heimwee terugdenken aan de dingen die je daarvoor hebt gedaan. Maar je moet loslaten om kans te bieden aan nieuwe groeimogelijkheden. Schone takken geven frisse nieuwe bladeren.

*Waar ben je **vandaag** dankbaar voor, blij mee, trots op of tevreden over?
*Geef deze dag een **gelukscijfer**:

22 september

Herfst: afscheid van het bekende. Let op je gevoelens. Erken dat elke verandering aanvankelijk ook gepaard gaat met *negatieve* gevoelens. Soms zul je dingen achter je moeten laten die je nog niet kwijt wilt. Durf afscheid te nemen. En neem de tijd om kennis te maken met en te wennen aan nieuwe dingen. Wat moet je loslaten? Waarom is het goed verder te gaan, wat zou er gebeuren als je niet los kon laten, wat zou er gebeuren als je wel los kon laten?

*Waar ben je **vandaag** dankbaar voor, blij mee, trots op of tevreden over?
*Geef deze dag een **gelukscijfer**:

23 september

Meerdere korte sprints zijn doeltreffender dan één lange uitputtende marathon. Reuzendoelen benader je het beste met muizenstapjes.

Specialisten zijn in staat in minder tijd steeds meer voor elkaar te krijgen; een vreemde ervaring omdat de meeste mensen denken dat uitsluitend keihard werken naar succes leidt. Het gaat er veel meer om de juiste dingen precies op het goede moment te doen en daarmee je vaardigheden uit te breiden.

*Waar ben je **vandaag** dankbaar voor, blij mee, trots op of tevreden over?
*Geef deze dag een **gelukscijfer**:

24 september

Je kunt jezelf in pijn verliezen of je ervan losmaken, je kunt vermijden of accepteren, je kunt in je hoofd blijven of je richten op wat er nú in je leven is. Dit betekent:-acceptatie van wat er is en gebeurt; -je (levens)last meedragen; -toewijding aan je levensdoelen; -flexibel en weerbaar bezig blijven; -je idealen volgen; -staan voor je (levens)waarden; -liefdevolle waardering voor je leven en (sociale) omgeving.

*Waar ben je **vandaag** dankbaar voor, blij mee, trots op of tevreden over?
*Geef deze dag een **gelukscijfer**:

25 september

Maakt de gedachte 'Ik ben gezond, gelukkig en rijk' je opeens een absolute topper? Nee, niet direct. Maar je onbewuste zit met een probleem, namelijk een (grote) ruimte tussen deze positieve voorstelling en de realiteit, en zal noodgedwongen in beweging moeten komen om deze steeds terugkerende wensgedachte waar te maken. Durf je uit de vertrouwde 'gemakszone' te gaan en de 'groeizone' in te stappen?

*Waar ben je **vandaag** dankbaar voor, blij mee, trots op of tevreden over?
*Geef deze dag een **gelukscijfer**:

26 september

Vraag je steeds af of je de beste kanten van de ander al voldoende gezien hebt. Dit betekent:
-meer complimenteren, minder bekritiseren;
-meer oplossingen aandragen, minder klagen;
-meer kwaliteiten opmerken, minder vergelijken;
-meer het goede voorbeeld geven, minder overheersen;
-meer nieuwe kansen verwelkomen, minder 'tegen zijn'.
Met heldere, voortdurend herhaalde complimenten bevestig je anderen zo krachtig dat ze in zichzelf durven te blijven geloven.

*Waar ben je **vandaag** dankbaar voor, blij mee, trots op of tevreden over?
*Geef deze dag een **gelukscijfer**:

27 september

Werken vanuit je persoonlijke kracht en beste kwaliteiten betekent:
-Gebruikmaken van je unieke aangeboren aanleg, capaciteiten en talenten, wat je doet komt puur van binnen uit.
-Volledig authentiek blijven, wat je doet 'past precies' bij wie je bent, je hebt het gevoel helemaal jezelf te zijn.
-Meer veerkracht ervaren, wat je doet geeft je meer energie, vitaliteit en levenslust.
-Optimaal functioneren, door wat je doet kun je groeien, jezelf ontwikkelen en ga je beter presteren.

*Waar ben je **vandaag** dankbaar voor, blij mee, trots op of tevreden over?
*Geef deze dag een **gelukscijfer**:

28 september

Tot op de dag van vandaag wist je altijd een beetje verder te komen. Hoe kreeg je dat voor elkaar? Zie en verzamel je ook alle eerdere werkzame oplossingen? Beloning en positieve bekrachtiging van gedrag waar je tevreden over bent, heeft een gunstig effect op je stemming en motivatie. Dus bedenk verschillende prettige, ontspannende beloningen na je inspanningen.

*Waar ben je **vandaag** dankbaar voor, blij mee, trots op of tevreden over?
*Geef deze dag een **gelukscijfer**:

29 september

Je kunt niet het leven van en voor anderen leiden. Altijd zal er iemand tegen zijn. Zoek je persoonlijke balans. Vanuit je eigen kracht, een heldere visie en innerlijke rust, kun je anderen verder helpen. Alle andere pogingen om hetzelfde als of een kopie van je omgeving te worden, zullen per definitie minder vruchtbaar zijn. Je kunt alleen maar de hoogste staat van wel-zijn bereiken als je afgestemd bent op je unieke eigen golflengte.

*Waar ben je **vandaag** dankbaar voor, blij mee, trots op of tevreden over?
*Geef deze dag een **gelukscijfer**:

30 september

Zorg voor een aanzienlijke toename van een motiverend taalgebruik, intern en extern. Interpreteer je ervaringen constructief. Zoek positieve ervaringen bewust op. Ze hebben een stapeleffect, ze maken je slimmer, avontuurlijker, meer oplossingsgericht en creatief.

*Waar ben je **vandaag** dankbaar voor, blij mee, trots op of tevreden over?

*Geef deze dag een **gelukscijfer**:

Oktober

1 oktober

Populariteit kan zeker plezierig en aantrekkelijk zijn, maar het maakt iemand niet 'meer waard' dan anderen. Goedheid, intelligentie of rijkdom kunnen iemand nooit meer waard of beter maken dan een ander. Ieder mens is uniek en dat maakt het onmogelijk om de waarde van mensen vast te stellen; net zomin als een bos rozen 'beter' is dan een veldboeket. We kunnen aan ons gedrag of aan onze eigenschappen waarde toekennen, maar niet aan ons zelf.

*Waar ben je **vandaag** dankbaar voor, blij mee, trots op of tevreden over?
*Geef deze dag een **gelukscijfer**:

2 oktober

Je maakt een waarnemingsfout als je denkt dat de wereld voornamelijk bestaat uit jonge, superslanke, volmaakte mensen. Als je op straat loopt of in de tram zit, zou je duidelijk kunnen zien dat de meeste mensen niet aan het ideaalbeeld voldoen. Maar wellicht kijk je vooral naar de 'slanke' mensen, je selecteert ze, en observeert alleen deze mensen. Je 'vertekent' zo je waarneming. Daarom *lijkt* het alsof de wereld alleen uit 'slanke' mensen bestaat.

*Waar ben je **vandaag** dankbaar voor, blij mee, trots op of tevreden over?
*Geef deze dag een **gelukscijfer**:

3 oktober

Negatieve gevoelens kunnen gezond en passend zijn wanneer ze je helpen met gebeurtenissen om te gaan. Ze motiveren je die veranderingen aan te brengen die nodig zijn. Ze leiden tot gedachten en gedragingen die je helpen te zoeken naar constructieve oplossingen. Bij tegenslagen en teleurstellingen ondersteunen ze het verwerkingsproces en ze weerhouden je ervan anderen of jezelf schade te berokkenen. Voorbeelden van gezonde negatieve gevoelens zijn: lichte angst, spanning of bezorgdheid, verdriet, irritatie of boosheid, spijt en teleurstelling.

*Waar ben je **vandaag** dankbaar voor, blij mee, trots op of tevreden over?
*Geef deze dag een **gelukscijfer**:

4 oktober

Je kracht mobiliseren. Het beste is om vóór een bepaalde taak jezelf voor te stellen, te verbeelden dat je hem met gemak, heel goed zult kunnen volbrengen. Tijdens de uitvoering van de taak sta je jezelf toe om fouten te maken en dingen niet te weten. Een relativerende houding en geruststellende gedachten helpen je om innerlijke barrières te doorbreken. Nadat je de taak hebt volbracht, is het goed om te kijken naar de dingen die wel gelukt zijn én als je de moed hebt, te leren van je fouten.

*Waar ben je **vandaag** dankbaar voor, blij mee, trots op of tevreden over?
*Geef deze dag een **gelukscijfer**:

5 oktober

Niets in het leven staat vast of is onveranderbaar. Mensen zijn constant in ontwikkeling en in staat tot veranderingen. Je kunt elke vaardigheid leren

114

verbeteren als je weet welke stappen je daarvoor moet nemen. Denk maar aan de sportman die telkens een beetje wint aan kracht of de spreker in het openbaar die bij elke speech iets aan zijn overtuigingskracht toevoegt. Zelfvertrouwen in het contact met anderen kan toenemen en groeien naarmate je er meer mee oefent.

*Waar ben je **vandaag** dankbaar voor, blij mee, trots op of tevreden over?
*Geef deze dag een **gelukscijfer**:

6 oktober

Je kunt zelf positieve teksten opnemen (mp3) en deze combineren met rustgevende instrumentale muziek (new age of klassiek). Luister dagelijks naar deze opname, je zult zien dat je dan steeds beter in staat bent redelijk en optimistisch te denken. Wanneer je het combineert met een ontspanningsoefening kun je weer nieuwe energie opdoen. Je hoeft niet heel aandachtig naar de teksten te luisteren, het belangrijkste is dat je ze regelmatig hoort.

*Waar ben je **vandaag** dankbaar voor, blij mee, trots op of tevreden over?
*Geef deze dag een **gelukscijfer**:

7 oktober

Beschouw elke positieve emotie als een keuze. De eerste stap is herkenning. Daarna kun je bij elke emotie bedenken, welk gedrag er bij past. Bijvoorbeeld liefde kun je vaker ervaren als je aan anderen duidelijk maakt wat je voelt en als je hen toestaat van jou te houden. Waardering en dankbaarheid kun je uitbreiden door 's avonds in een dagboek gebeurtenissen bij te houden waar je tevreden of blij over bent.

*Waar ben je **vandaag** dankbaar voor, blij mee, trots op of tevreden over?
*Geef deze dag een **gelukscijfer**:

8 oktober

'Vroeg of laat moet je voor jezelf beslissen dat je, *met al je beperkingen*, als mens goed genoeg bent. Als je geleerd hebt dat je vanbinnen goed bent, maakt het echt niet meer uit wat anderen denken. Tegen iemand die probeert te zeggen dat je, om wat voor reden dan ook, minder bent, zeg je dat hij zich vergist en de verkeerde indruk van je heeft. Je weet dat je niet volmaakt, maar wel goed bent, daar trek je de grens.' Oprah Winfrey.

*Waar ben je **vandaag** dankbaar voor, blij mee, trots op of tevreden over?
*Geef deze dag een **gelukscijfer**:

9 oktober

Pijn die ons brein weet te bereiken, wordt direct gekoppeld aan informatie over de pijn. Kalmerende of positieve informatie over de pijn stelt de lichaamseigen 'pijnapotheek' in staat om rustig en zorgvuldig de juiste hoeveelheid 'pijnstillers' naar de pijnplek te sturen zodat de pijn kan afnemen. *(het voorkomen van 'mentale overbelasting' is van groot belang voor een optimale werking van de lichaamseigen pijnapotheek).*

*Waar ben je **vandaag** dankbaar voor, blij mee, trots op of tevreden over?
*Geef deze dag een **gelukscijfer**:

10 oktober

Zo oneindig als het heelal is, zo groot is ook de ruimte in jezelf, je innerlijke ruimte. De mogelijkheden *binnen jezelf* zijn onbeperkt. Je kunt je voorstellen wat je maar wilt. Net zoals bij het heelal is het nauwelijks te bevatten wat er in je hoofd en hart allemaal mogelijk is. Met behulp van je *voorstellingsvermogen* en fantasie kun je zoveel doen en bereiken dat je er letterlijk stil van wordt.

*Waar ben je **vandaag** dankbaar voor, blij mee, trots op of tevreden over?
*Geef deze dag een **gelukscijfer**:

11 oktober

Wie zelf erg twijfelt aan zijn vaardigheden en mogelijkheden maakt het voor anderen ook lastig iets in hem of haar te zien. *Anderen willen door jou overtuigd worden.* Als je jezelf niet voldoende serieus neemt en op de juiste (hoogste) waarde weet te schatten kunnen er belangrijke kansen aan je voorbijgaan. Het aanprijzen van je kwaliteiten is van belang om je werkelijke kwaliteit zichtbaar te maken.

*Waar ben je **vandaag** dankbaar voor, blij mee, trots op of tevreden over?
*Geef deze dag een **gelukscijfer**:

12 oktober

Als je werkt voor het doel achter je doelen, dat wil zeggen het volledig tot ontplooiing laten komen van je talenten en capaciteiten, dan ligt de weg open. Schakel piekergedachten over anderen uit. Stel je persoonlijke doelen en vertrouw op je eigen intuïtie en oordeel. Winnen betekent in de eerste plaats zien wie je zou kunnen zijn en daarna in staat blijven volledig, rustig en ontspannen met je eigen talenten en vaardigheden mee te 'stromen'.

*Waar ben je **vandaag** dankbaar voor, blij mee, trots op of tevreden over?
*Geef deze dag een **gelukscijfer**:

13 oktober

Je kunt bang zijn om te falen, of juist voor alle gevolgen van slagen. Bang voor het oordeel van anderen, bang dat het niet perfect genoeg is, bang dat het te moeilijk is, bang dat je beloning en voldoening nooit zullen komen, bang dat je onvoldoende tijd hebt et cetera. Bij alle angsten vergeet je waarschijnlijk dat alle 'rampen' ooit weleens zijn uitgekomen en dat de mensen die echt om je geven daarna niet minder of anders over je zijn gaan denken.

*Waar ben je **vandaag** dankbaar voor, blij mee, trots op of tevreden over?
*Geef deze dag een **gelukscijfer**:

14 oktober

Uiteindelijk telt bij succes alleen nog maar het eindresultaat. Niemand, behalve jij, telt de mislukte pogingen om te slagen. De beloning van het slagen aan het eind van het leerproces zal belangrijker zijn dan alles wat daarvoor is gebeurd. Als je bij een belangrijke wedstrijd tien keer misschiet en één keer raak, dan zal je winnende doelpunt als succes de geschiedenis in gaan en herhaald worden. Iedereen vergeet hoe vaak je misschoot.

*Waar ben je **vandaag** dankbaar voor, blij mee, trots op of tevreden over?
*Geef deze dag een **gelukscijfer**:

15 oktober

Het gezonde recept voor een langdurige, plezierige relatie is eenvoudiger dan het lijkt en bevat in ieder geval de volgende ingrediënten: begrip, waardering en respect voor elkaar. Bij een goede vriendschap en een gezonde relatie is het van belang dat beide partners hun emoties mogen uiten en dat er ruimte is voor conflicten. Zonder terug te schrikken voor de onaangename gevoelens die nu eenmaal ook bij een conflict horen.

*Waar ben je **vandaag** dankbaar voor, blij mee, trots op of tevreden over?
*Geef deze dag een **gelukscijfer**:

16 oktober

De volgende ingrediënten worden gezien als belangrijke voorwaarden voor een duurzame relatie: -ruimte voor een eigen identiteit; -respect voor elkaars verschillen en talenten; -de mogelijkheid tot een open/eerlijke communicatie.

*Waar ben je **vandaag** dankbaar voor, blij mee, trots op of tevreden over?
*Geef deze dag een **gelukscijfer**:

17 oktober

Overzicht houden. Elke tegenslag heeft een begin, maar ook een eindpunt. Met overzicht weet je waar de tegenslag ophoudt, zonder het door te laten werken op andere gebieden in je leven waar het niet thuishoort. Hoe groter een probleem lijkt, hoe kleiner je jezelf zult voelen. Probeer het probleem of liever gezegd de uitdaging tot zijn ware proporties terug te brengen en daardoor hanteerbaarder te maken. Met overzicht weet je dat er ergens een *uitweg* of einde aan het probleem moet zijn.

*Waar ben je **vandaag** dankbaar voor, blij mee, trots op of tevreden over?
*Geef deze dag een **gelukscijfer**:

18 oktober

We komen veel 'levenslessen' tegen vermomd als moeilijke mensen. We zijn allemaal, vaker dan ons lief is, wel eens moeilijk voor anderen! Weten dat de meeste mensen zich zorgen kunnen maken over *jouw oordeel,* of jij hen zult accepteren, kan je helpen los te komen van de boosheid of angst in contact met 'moeilijke' mensen. Wanneer je je focus kunt verschuiven van 'gelijk krijgen' naar 'omgaan met' mensen, kom je al een stuk dichter bij je persoonlijke doelen.

*Waar ben je **vandaag** dankbaar voor, blij mee, trots op of tevreden over?
*Geef deze dag een **gelukscijfer**:

19 oktober

Niemand is in de positie om een ander volledig goed- of af te keuren. De mening van een ander heeft geen voodookracht. We zijn als mensen allemaal feilbaar en niet perfect, en anderen hebben het recht ons dat af en toe te vertellen. Zorg ervoor dat kritische opmerkingen losgekoppeld worden van jouw waarde als mens. Dit helpt je in het op peil houden van je zelfwaardering.

*Waar ben je **vandaag** dankbaar voor, blij mee, trots op of tevreden over?
*Geef deze dag een **gelukscijfer**:

20 oktober

Maak een positieve gedachtekaart met bijvoorbeeld: je fysieke pluspunten, je mentale en intellectuele kwaliteiten, je emotionele sterke punten, je spirituele inspiratiebronnen, financiële mogelijkheden en alle kansen en mogelijkheden die je ziet en tot je beschikking hebt.

*Waar ben je **vandaag** dankbaar voor, blij mee, trots op of tevreden over?
*Geef deze dag een **gelukscijfer**:

21 oktober

Wat maakt eigenlijk gelukkig? Mensen die een grote prijs in een loterij winnen, 'dalen' na verloop van tijd terug naar hun oorspronkelijke geluksniveau. Mensen die geconfronteerd worden met grote tegenslagen (invaliditeit, verlies van een dierbare) keren na verloop van tijd ook weer terug naar hun 'normale' geluksniveau. Successen en tegenslagen hebben een tijdelijk effect. Het lijkt erop dat we allemaal een persoonlijk standaardniveau van geluk hebben.

*Waar ben je **vandaag** dankbaar voor, blij mee, trots op of tevreden over?
*Geef deze dag een **gelukscijfer**:

22 oktober

Ieder mens staat elk moment voor de keus: met de levensstroom meegaan (vrije creatieve energie) of je ervoor afsluiten en je vastklampen aan de eisen van het ego (beperkend eigenbelang). Goedheid bestaat. Schijnbaar onbeduidende aanwijzingen blijken, zodra je ervoor openstaat, waardevolle informatie te bevatten over wat je het best kunt doen. Durf je daarop te vertrouwen?

*Waar ben je **vandaag** dankbaar voor, blij mee, trots op of tevreden over?
*Geef deze dag een **gelukscijfer**:

23 oktober

Wees eerlijk: hoe vaak is achteraf gebleken dat je je voor de zoveelste keer helemaal voor niets druk hebt gemaakt? Het is eigenlijk heel eenvoudig: optimistisch vertrouwen opent de weg naar puur geluk. Alsof het geluk zelf weet waar het moet zijn, waar de deur wagenwijd voor hem openstaat.

*Waar ben je **vandaag** dankbaar voor, blij mee, trots op of tevreden over?
*Geef deze dag een **gelukscijfer**:

24 oktober

Wat is het verschil tussen loslaten en vermijden? Loslaten doe je vanuit wijsheid, vermijden vanuit angst. Met emotionele veerkracht doorgaan in de goede richting maakt groei mogelijk, geeft inhoud en het verdiept je leven. Zeg rustig: 'Mijn gevóel kan ik niet sturen, maar ik kan me wel actief richten op mijn dóel'.

*Waar ben je **vandaag** dankbaar voor, blij mee, trots op of tevreden over?
*Geef deze dag een **gelukscijfer**:

25 oktober

Blijf niet hangen in plannen, maar ga aan de slag. Met een visie gevolgd door actie kun je een goudmijn aanboren. Wacht je op het perfecte moment of de juiste inspiratie? Je zult ze pas tegenkomen nadat je begonnen bent. Voldoening kan pas komen nadat je 'vol-doende' hebt gedaan.

*Waar ben je **vandaag** dankbaar voor, blij mee, trots op of tevreden over?
*Geef deze dag een **gelukscijfer**:

26 oktober

Auteur Louise Hay legt in haar boeken glashelder uit dat je tegenover elk probleem een positieve affirmatie kunt zetten. Elke affirmatie zal zonder bewuste inspanning je visie blijvend veranderen en je allerlei nieuwe kansen en mogelijkheden laten zien. Een simpele affirmatie kan wonderbaarlijk effectief zijn. Dit zijn voorbeelden: -'Ik ben goed, gezond en gelukkig.' -'Wat er ook gebeurt, het zal bijdragen aan mijn allerbeste en hoogste welzijn.' -'Deze situatie zal positieve gevolgen hebben.' -'Alles is goed, komt in orde of zal beter worden.'

*Waar ben je **vandaag** dankbaar voor, blij mee, trots op of tevreden over?
*Geef deze dag een **gelukscijfer**:

27 oktober

Geld is mooi, zekerheid is ook prettig, maar in dit moderne overbelaste leven is *tijd* het meest kostbare bezit. Je mag zelf bepalen wat je de beste tijdsbesteding vindt. Waarom zou je minder zijn als niet jij, maar een ander het (gezins)inkomen regelt? Zolang je daar allebei mee instemt is daar niets mis mee. Gun elkaar die keuzevrijheid.

*Waar ben je **vandaag** dankbaar voor, blij mee, trots op of tevreden over?
*Geef deze dag een **gelukscijfer**:

28 oktober

Zorg ook voor veilige momenten van niet-veranderen. Laat even alles zoals het is en kijk of je dat ook kunt verdragen. In een periode van niets doen gaat er vaak vanzelf al iets beter. Wellicht ontdek je zo dat je toch meer controle hebt over een lastig probleem dan je dacht. Uitrusten, vertrouwen en een stapje terug doen schept ruimte voor nieuwe inzichten. Denk maar eens terug aan alles wat er spontaan in je opkwam tijdens een vakantie.

*Waar ben je **vandaag** dankbaar voor, blij mee, trots op of tevreden over?
*Geef deze dag een **gelukscijfer**:

29 oktober

Met voldoende zelfrespect wordt slachtoffergedrag overbodig. Vraag je niet af wat je tekortkomt, maar gun en geef jezelf het beste. *De wereld volgt jouw opvattingen over jezelf.* Als je gelijk hebt, in je recht staat of integer bent geweest, dan hoef je dat niet aan de wereld te bewijzen. Stap uit de strijd van 'gelijk willen krijgen'.

*Waar ben je **vandaag** dankbaar voor, blij mee, trots op of tevreden over?
*Geef deze dag een **gelukscijfer**:

30 oktober

Geluk moet net zoals geld kunnen rondstromen. Als je het najaagt, te lang vast wilt houden of je eraan gaat vastklampen, blokkeer je je eigen vooruitgang. *Wie deelt en weggeeft, zichzelf niet steeds voorop zet, kan volop genieten.* Geluk en voorspoed creëren, maken zichtbaar wat er voor mensen mogelijk is. Innerlijke rust bevordert rijkdom, op alle fronten.

*Waar ben je **vandaag** dankbaar voor, blij mee, trots op of tevreden over?
*Geef deze dag een **gelukscijfer**:

31 oktober

Kleine positieve veranderingen in het alledaagse leven kunnen, bij elkaar opgeteld, leiden tot grote, indrukwekkende resultaten. *Simpele veranderingen hebben grote effecten.* Ieder nieuw moment sta je voor de keuze: liefde of strijd, vertrouwen of wantrouwen, geven of nemen. Je bepaalt steeds zelf je eigen route. In het heden zitten je keuzemogelijkheden. Het heden is telkens weer fris en nieuw; een onuitputtelijke bron van energie.

*Waar ben je **vandaag** dankbaar voor, blij mee, trots op of tevreden over?
*Geef deze dag een **gelukscijfer**:

November

1 november

Geef jezelf toestemming om 'gewoon' te zijn. Je bent waardevol gewoon omdat je er bent, los van wat je presteert. De behoefte om "bijzonder" te zijn, voegt veel onnodige stress aan je leven toe. Je stemming en welzijn kunnen verbeteren als je in staat bent jezelf te accepteren én als je zowel je sterke als zwakke kanten leert te aanvaarden. In dat geval is er sprake van een onvoorwaardelijke zelfwaardering.

*Waar ben je **vandaag** dankbaar voor, blij mee, trots op of tevreden over?
*Geef deze dag een **gelukscijfer**:

2 november

Net zoals je lichaam vitaminen nodig heeft om een goed afweersysteem in stand te kunnen houden, heeft je geest 'vitaminen' nodig als weerstand tegen de af en toe oplaaiende interne zelfkritiek. Deze 'vitaminen' bestaan uit belonende gedachten voor de dingen die je doet, hebt gedaan of zult doen, maar ook voor kenmerken en eigenschappen van jou als persoon. Dit kunnen innerlijke en uiterlijke eigenschappen zijn. Beloon jezelf voor de kleinst mogelijke inspanning, gewoon omdat je het hebt gedaan.

*Waar ben je **vandaag** dankbaar voor, blij mee, trots op of tevreden over?
*Geef deze dag een **gelukscijfer**:

3 november

Meestal is het zo dat positieve doelen je kunnen stimuleren om hard te werken aan het doorbreken van een verslavingspatroon. Denk maar aan de zangeres die niet meer zal roken als zij weet dat zij daardoor beter zal gaan zingen. Veranderen is moeilijk. Het kost inspanning en doorzettingsvermogen. Wanneer je weet dat het moeilijk kan worden, ben je er beter op voorbereid. Beloon jezelf voor elk klein stapje in de goede richting, dat kan je stimuleren om door te zetten. Maak een 'overwinningslijst', noteer op die lijst alles wat je hebt gedaan om vol te houden, blijf die lijst elke dag aanvullen!

*Waar ben je **vandaag** dankbaar voor, blij mee, trots op of tevreden over?
*Geef deze dag een **gelukscijfer**:

4 november

Hoe zou je zorgen voor de persoon waar je het meest van hield? In wat voor omgeving zou je willen dat deze persoon zou leven? Wat zou je hem of haar willen geven? Wat zou je voor hem/haar doen? De antwoorden die je hierop geeft, helpen te bepalen hoe je je eigen levensomstandigheden zou kunnen verbeteren. Je zelfwaardering kan groeien als je, niet alleen in woorden, maar ook in daden, zorgt voor een aangenaam leefklimaat.

*Waar ben je **vandaag** dankbaar voor, blij mee, trots op of tevreden over?
*Geef deze dag een **gelukscijfer**:

5 november

Verlegenheid wordt in het Engels vertaald als self-consiousness. Letterlijk betekent dat 'je bewust zijn van jezelf'. Dat is nu precies het probleem van onzekere mensen, ze zijn zich teveel bewust van zichzelf. Ze kennen precies al hun 'kwetsbaarheden' en zijn zich in gezelschap 'pijnlijk bewust' van hun eigen aanwezigheid. Ze staan zichzelf in de weg. Stel dat je al je aandacht constant op één persoon zou richten, hoe denk je dat die persoon zich zou voelen? Dat is wat verlegen mensen met zichzelf doen.

*Waar ben je **vandaag** dankbaar voor, blij mee, trots op of tevreden over?
*Geef deze dag een **gelukscijfer**:

6 november

Een emotionele reactie op een gebeurtenis is gezond als de intensiteit van die reactie in overeenstemming is met de intensiteit van die gebeurtenis. Met ander woorden, wanneer je een *erg bedreigende* gebeurtenis meemaakt, is het logisch dat je met *veel angst* reageert. De emotionele reactie is dan in overeen stemming met wat er gebeurt. Wanneer je echter met te veel angst of te veel woede op een relatief onschuldige gebeurtenis reageert, kan er wat mis zijn.

*Waar ben je **vandaag** dankbaar voor, blij mee, trots op of tevreden over?
*Geef deze dag een **gelukscijfer**:

7 november

Redeneren met hoofd én hart: bij twijfel over wat je moet doen, zowel redelijk blijven denken als je gevoel laten meespreken. Belangrijke beslissingen pas nemen als je (weer) rustig bent. Bijvoorbeeld: 'Ook al voel ik me nu heel kwaad, ik weet dat het geen zin heeft om mijn eigen glazen in te gooien.' Of: 'Ik heb nu geen zin in deze klus, maar ik weet dat het beter is om er vandaag toch mee te beginnen.'

*Waar ben je vandaag dankbaar voor, blij mee, trots op of tevreden over?
*Geef deze dag een **gelukscijfer**:

8 november

Tijdelijke *ongenoegens of conflicten* zijn niet per definitie negatief. Constructieve tijdelijke conflicten leiden, op de langere termijn, vaak tot *compromissen*, meer *verdraagzaamheid* en tot actief zoeken naar *goede oplossingen*. Het kan de relatie achteraf ten goede komen en op zijn minst duidelijkheid scheppen. Bovendien wat heb je liever? De tijdelijke 'vervelende' gevolgen van het opkomen voor jezelf of de schadelijke en veel ingrijpender gevolgen voor je zelfbeeld van onderdanig gedrag?

*Waar ben je **vandaag** dankbaar voor, blij mee, trots op of tevreden over?
*Geef deze dag een **gelukscijfer**:

9 november

Laat het veeleisende idee los dat je van tevoren zou kunnen weten hoe je je dromen moet waarmaken. Zie het eindresultaat, voel het en wacht geduldig tot je aan de beurt bent. Het beste plan volgt je droom. Bederf het niet door het zoveelste overbodige, niet werkende plan te bedenken. *Het juiste plan zoekt jou.* Vertrouw erop dat alles wat je doet altijd zin heeft, ook al weet je nu nog niet waarom en waarvoor.

*Waar ben je **vandaag** dankbaar voor, blij mee, trots op of tevreden over?
*Geef deze dag een **gelukscijfer**:

10 november

Alles in ons lichaam heeft ook een ritme en herhaalt zich met dezelfde regelmaat -ons hart, onze ademhaling en zelfs ons brein. Buiten jezelf, in de natuur zie je overal vaste patronen en rituelen terugkomen, dag na dag, seizoen na seizoen. Alle gezonde activiteiten die een vaste plaats binnen je dagelijkse programma krijgen, worden opgenomen in een ritme dat meebeweegt met het leven binnen en buiten jezelf.

*Waar ben je **vandaag** dankbaar voor, blij mee, trots op of tevreden over?
*Geef deze dag een **gelukscijfer**:

11 november

Blijf je ervan bewust dat het niet de opmerkingen of twijfels van anderen zijn die jou onzeker maken, maar je eigen ruisgedachten die worden *opgeroepen of geactiveerd* door de negatieve opmerkingen van anderen. Laat je door de negatieve opmerkingen van anderen niet van je doelen afhouden. *Bedenk ook: hoe meer ruisgedachten, des te belangrijker dat einddoel voor je kan zijn! Geef niet op.*

*Waar ben je **vandaag** dankbaar voor, blij mee, trots op of tevreden over?
*Geef deze dag een **gelukscijfer**:

12 november

Op elk moment is het mogelijk als een soort toeschouwer te 'observeren' wat er met jezelf gebeurt. Waar zit je, wat doe je, en vooral, wat denk en voel je op dit moment? Iemand die in staat is een toeschouwer van zichzelf te worden heeft de eerste stap gezet op weg naar zelfcontrole. Externe omstandigheden bestaan niet echt, jij bent de enige die als een 'manager' zelf jouw eigen leven kan 'leiden'.

*Waar ben je **vandaag** dankbaar voor, blij mee, trots op of tevreden over?

*Geef deze dag een **gelukscijfer**:

13 november

Kies een klein opruim-actiegebied in je huis en begin het leeg te halen. Neem er voldoende tijd voor en ruim elke keer een beetje op. Het effect van elke keer een klein beetje doen zal je verbazen. Ga maar eens na hoe snel de koffie op is of de suikerpot leeg is terwijl je telkens maar een paar schepjes suiker gebruikt. Je kunt bijvoorbeeld elke week wat extra vuilnis bij de weg zetten net zolang tot je al het overbodige hebt weggewerkt.

*Waar ben je **vandaag** dankbaar voor, blij mee, trots op of tevreden over?
*Geef deze dag een **gelukscijfer**:

14 november

Creatieve, intelligente, gevoelige mensen kunnen zich makkelijk 'verliezen' in allerlei positieve 'verslavingen' zoals werk, schrijven, muziek, sport, studeren et cetera. De keerzijde is dat zij ook gevoeliger zijn voor negatieve verslavingen. Zodra je merkt dat je het slachtoffer dreigt te worden van een verslaving, moet je met alle kracht aan de noodrem trekken en je balans en vrijheid weer herstellen.

*Waar ben je **vandaag** dankbaar voor, blij mee, trots op of tevreden over?
*Geef deze dag een **gelukscijfer**:

15 november

Stel nu dat je op een dag bij conflicten totaal anders zou reageren dan je gewoonlijk doet. We noemen dat de *constructieve verwarringstechniek:* de kunst van het doorbreken van vaste patronen. Bijvoorbeeld niet aanvallen maar luisteren, niet weglopen maar juist uitnodigen voor een gesprek. Precies het tegenovergestelde van wat de ander verwacht. Hem/haar aangenaam verrassen met een nieuwe aanpak.

*Waar ben je **vandaag** dankbaar voor, blij mee, trots op of tevreden over?
*Geef deze dag een **gelukscijfer**:

16 november

Iedereen gaat wel eens in de fout. Het is de kunst om uit je ivoren torentje van 'het ware gelijk' te klimmen en je oprechte excuses aan te bieden. En natuurlijk hoort daarbij ook het accepteren van de eventuele excuses van je partner voor zijn/haar onterechte aanvallen en kwetsende opmerkingen. Vergeet hem/haar ook niet te vergeven.

*Waar ben je **vandaag** dankbaar voor, blij mee, trots op of tevreden over?
*Geef deze dag een **gelukscijfer**:

17 november

Stel jezelf de vraag of je afstand durft te nemen. Mag je erop vertrouwen dat de onzekerheid die eeuwig lijkt te duren toch nog tot iets goeds zal leiden? Dat is de essentie van hoop. Meer waarderen, minder oordelen. In het heden kunnen blijven staan en de toekomst met je diepste en dierbaarste intenties tegemoet durven treden. Zonder het zicht op waardevolle doelen en/of levenslessen te laten wegnemen door tegenslag.

*Waar ben je **vandaag** dankbaar voor, blij mee, trots op of tevreden over?
*Geef deze dag een **gelukscijfer**:

18 november

Mensen maken vele denk- en waarnemingsfouten. Niets of niemand is alleen maar slecht. Analyseer je negatieve gedachten en kijk of er geen betere interpretaties van de werkelijkheid zijn. Het in evenwicht brengen van je denkwijze heeft een groot positief effect. Noteer je eerste pessimistische reactie en zoek naar een meer optimistische visie. Meet daarna het effect op je gevoel.

*Waar ben je **vandaag** dankbaar voor, blij mee, trots op of tevreden over?
*Geef deze dag een **gelukscijfer**:

19 november

Wat scheelt het aan nadelen als je *niet* toegeeft aan een verslaving ? Laat 's avonds alle verleidingen nog eens de revue passeren en tel alle 'verboden' dingen die je de dag *niet* gedaan hebt. Probeer de volgende dag het record van je overwinningen te doorbreken, zodat je met meer enthousiasme je streefdoelen kunt halen en met meer gemak vol weet te houden.

*Waar ben je **vandaag** dankbaar voor, blij mee, trots op of tevreden over?
*Geef deze dag een **gelukscijfer**:

20 november

Er wordt nog weleens vergeten dat potentiële partners geen consumptiegoederen zijn die je even vluchtig bekijkt en daarna verveeld weer wegdoet. Om een ander goed te leren kennen, zeker een mogelijke levenspartner, zul je je in hem/haar moeten verdiepen en investeren voordat je echt kunt beoordelen of je de juiste keuze maakt.

*Waar ben je **vandaag** dankbaar voor, blij mee, trots op of tevreden over?
*Geef deze dag een **gelukscijfer**:

21 november

Egostress is pijnlijk en dodelijk vermoeiend. Het komt voort uit de illusie dat de ene mens meer waard kan zijn dan de andere. Gedrag dat egostress kan stoppen/afremmen: -zonder oordeel in het hier en nu (bezig) zijn -loslaten wat anderen van je denken -je richten op de inhoud, niet op de 'buitenkant'.

*Waar ben je **vandaag** dankbaar voor, blij mee, trots op of tevreden over?
*Geef deze dag een **gelukscijfer**:

22 november

Onbekend maakt onbemind. Wie gewend is met veel negatieve gevoelens te leven, zal zich door positieve gevoelens en verandering sneller laten intimideren en afschrikken. Eigenschappen als moed, vertrouwen en kalmte kun je ontwikkelen en trainen. Het is haalbaar je natuurlijke aangeboren kwaliteiten en emotionele kracht te (her)ontdekken.

*Waar ben je **vandaag** dankbaar voor, blij mee, trots op of tevreden over?
*Geef deze dag een **gelukscijfer**:

23 november

We wennen aan verandering. Alles wat eerst nieuw is wordt vanzelfsprekend. Alles wat vanzelfsprekend is wordt niet meer opgemerkt. Nieuwe ervaringen helpen je leven bij te sturen. Ervaringen veranderen je kijk op jezelf en de wereld. En als die 'kijk' realistischer wordt, kun je jezelf beter besturen. Verandering scherpt je zelf- en wereldbeeld. Elke vorm van aanpassing aan verandering vergroot je overlevingskansen.

*Waar ben je **vandaag** dankbaar voor, blij mee, trots op of tevreden over?
*Geef deze dag een **gelukscijfer**:

24 november

Groeipijnen horen erbij. Ze zijn constructief en maken je weerbaarder voor wat er nog komt. Groeipijn is ronduit gezond, in tegenstelling tot stilstaan of afglijden uit angst voor ongemak. Ben je bereid voor meer welzijn en geluk de bijbehorende groeipijn te accepteren? Het voorkomt dat je een weerloos slachtoffer van angst blijft.

*Waar ben je **vandaag** dankbaar voor, blij mee, trots op of tevreden over?
*Geef deze dag een **gelukscijfer**:

25 november

Moed ontwikkel je door je goed voor te breiden. Een gewaarschuwd mens telt voor twee. Weet dat je op weg naar je doelen teleurstellingen en terugval zult meemaken. Zo kun je er niet door overvallen of verrast worden. Lukt iets niet, denk dan: Oké, het gaat niet vanzelf, maar ik wist dat het soms ook moeilijk zou zijn.

*Waar ben je **vandaag** dankbaar voor, blij mee, trots op of tevreden over?
*Geef deze dag een **gelukscijfer**:

26 november

Achter angst zit meestal ook een andere emotie verborgen. Bijvoorbeeld dat je iedereen te vriend wilt houden en uit angst voor conflicten je boosheid diep wegstopt. Voor het wegduwen van emoties betaal je altijd een prijs: je krijgt meer last van irrationele angsten.

*Waar ben je **vandaag** dankbaar voor, blij mee, trots op of tevreden over?
*Geef deze dag een **gelukscijfer**:

27 november

Vermijding is meestal een vorm van vluchtgedrag; iets loslaten en weigeren omdat het niet (meer) bij je past is pure en productieve (levens)wijsheid. Het getuigt van respect, verantwoordelijkheidsbesef en vakmanschap als je taken durft te schrappen die niet bij je passen.

*Waar ben je **vandaag** dankbaar voor, blij mee, trots op of tevreden over?
*Geef deze dag een **gelukscijfer**:

28 november

Wanneer je te veel piekert of te veel twijfelt of je het nog wel goed doet, probeer dan eens de volgende methode. Noteer tien positieve punten over je werk, jezelf en je leven. Zodra je gaat piekeren, ga je hardop deze punten oplezen. Doe dat minstens drie minuten. Uit onderzoek blijkt dat het onmogelijk is voor je brein om door te piekeren als je hardop iets voorleest.

*Waar ben je **vandaag** dankbaar voor, blij mee, trots op of tevreden over?
*Geef deze dag een **gelukscijfer**:

29 november

Godzijdank is er altijd een redelijke werkelijkheid. Een realiteit die houvast biedt. Je hebt weinig controle over wat anderen doen. Maar zolang je zelf kalm, beleefd en rustig blijft reageren, mag je verwachten dat snel de strijdbijl weer begraven zal worden. En ook al blijft het buiten nog een tijdje flink stormen, je houdt altijd controle over je eigen gedrag. Nogmaals: er is altijd zoiets als een redelijke werkelijkheid.

*Waar ben je **vandaag** dankbaar voor, blij mee, trots op of tevreden over?
*Geef deze dag een **gelukscijfer**:

30 november

Stressvol overactief bezig blijven heeft als nadeel dat je niet meer kunt zien waar het echt om gaat: je leven, je liefde, je langetermijndoelen. Wat wil je bereiken? Zie het voor je, geloof erin en gooi alle overbodige ballast overboord. -Beleef je plezier aan je prettigste emoties? -Ben je in staat met overtuiging je kwaliteiten te benutten? -Zie je de zin van het meewerken aan het helpen opbouwen van een betere wereld voor iedereen? Juist de simpelste kleine dingen geven veel voldoening.

*Waar ben je **vandaag** dankbaar voor, blij mee, trots op of tevreden over?
*Geef deze dag een **gelukscijfer**:

December

1 december

Zelfwaardering is de vaardigheid om jezelf te waarderen en te respecteren, los van het feit of je iets wel of niet goed kunt. Zelfwaardering blijft overeind, of je nu wint of verliest. Het helpt je om door te gaan naar nieuwe ervaringen en uitdagingen. Iemand met zelfwaardering haalt zichzelf niet naar beneden en laat zichzelf niet in 'waarde' dalen bij eventuele tegenslagen of fouten.

*Waar ben je **vandaag** dankbaar voor, blij mee, trots op of tevreden over?
*Geef deze dag een **gelukscijfer**:

2 december

Mensen kunnen jouw gedrag of iets aan jou veroordelen, maar nooit jouw hele persoon. Wanneer dat toch gebeurt, is er vaak meer aan de hand met de persoon die jou veroordeelt. Om dit te kunnen beoordelen zou je jezelf, als je kritiek krijgt, de volgende vragen kunnen stellen. 1 Wie geeft de kritiek en om welke reden? 2 Is het verstandig om deze kritiek serieus te nemen? 3 Is er echt sprake van kritiek of ben ik aan het gedachtelezen? 4 Zijn er specifieke leerpunten die ik uit de kritiek kan selecteren?

*Waar ben je **vandaag** dankbaar voor, blij mee, trots op of tevreden over?
*Geef deze dag een **gelukscijfer**:

3 december

We richten ons op de positieve doelen van een leven zonder verslaving. Je hebt het gevoel vol in het leven te staan, dat je kunt genieten van de gewone dingen en dat je emoties kunt ervaren zoals ze zijn. Dat is een rijkdom die niet eenvoudig onder woorden te brengen is. Het is een soort onderstroom van voldoening en tevredenheid waar je steeds op terug kunt vallen. Zelfs als het tegenzit of als je je rot voelt, weet je dat het nare gevoel binnen afzienbare tijd weer verdwenen zal zijn.

*Waar ben je **vandaag** dankbaar voor, blij mee, trots op of tevreden over?
*Geef deze dag een **gelukscijfer**:

4 december

Helaas zul je de gewone frustraties en tegenslagen die bij het leven horen, moeten accepteren. Net zoals de dingen van/aan jezelf waar je (nog) niet tevreden over bent, dat is niet anders. Het is juist één van de uitdagingen van het leven dat je hiermee leert omgaan, dat je deze leert te aanvaarden. Probeer van je beperkingen een bron van kracht te maken; de meest indrukwekkende romans en speelfilms werden gemaakt over mensen die daartoe in staat waren.

*Waar ben je **vandaag** dankbaar voor, blij mee, trots op of tevreden over?
*Geef deze dag een **gelukscijfer**:

5 december

Je mag best naar jezelf kijken maar beperk dit tot een paar keer per dag en kijk naar het totaalbeeld. Probeer daarbij met 'lieve en vriendelijke ogen' te kijken. Als je in staat bent te glimlachen naar jezelf lukt het je ook beter naar anderen. Werk aan de 'binnenkant'. Als je van binnen rustiger en meer ontspannen bent zul je dat ook meer uitstralen. Een goed geneesmiddel tegen onzekerheid is ontspanning.

*Waar ben je **vandaag** dankbaar voor, blij mee, trots op of tevreden over?
*Geef deze dag een **gelukscijfer**:

6 december

Er is een eenvoudige stelregel die je kunt hanteren bij het in balans brengen van je emoties. Alle mensen zijn van nature geneigd tot bepaalde gedragingen. Je kunt daar verandering in aanbrengen door te experimenteren met nieuw gedrag dat aanvankelijk 'tegen je gevoel ingaat'. Je beweegt je dus net even de andere kant op dan waar je normaal gesproken toe geneigd bent. Het gaat er steeds om de juiste maat of middenweg te kiezen.

*Waar ben je **vandaag** dankbaar voor, blij mee, trots op of tevreden over?
*Geef deze dag een **gelukscijfer**:

7 december

Het moeilijkste van nare gevoelens is vaak de *herinnering* aan soortgelijke gevoelens uit het verleden of de *verwachting* dat ze in de toekomst erger zullen worden, het gevoel zelf is best te *doorstaan*. 95 procent van de zorgen die we ons maken, blijken achteraf voor niets te zijn geweest. Als er al gebeurt waar we bang voor zijn, kunnen we er beter mee omgaan en beschikken we over veel meer reserves dan we ons van tevoren hadden kunnen voorstellen.

*Waar ben je **vandaag** dankbaar voor, blij mee, trots op of tevreden over?
*Geef deze dag een **gelukscijfer**:

8 december

Vragen stellen, in welke vorm dan ook, biedt voordelen. Duidelijk zijn over je wensen voorkomt dat je dingen misloopt die je verdient of waar je recht op hebt. Wanneer je anderen tactvol en beleefd benadert, verlies je niets met een vraag en kun je er alleen maar iets mee winnen. Door te vragen toon je ook respect voor de ander, je erkent de mogelijkheid dat hij of zij jou iets te bieden heeft. Je gunt iemand het plezier en de voldoening van het géven.

*Waar ben je **vandaag** dankbaar voor, blij mee, trots op of tevreden over?
*Geef deze dag een **gelukscijfer**:

139

9 december

Rond een lichamelijke pijnplek kan het spierweefsel, als reactie op de pijn of door overstimulatie van zenuwbanen, verkrampen of kunnen de spieren chronisch aangespannen blijven. De verhoogde spierspanning veroorzaakt vaak nog meer pijn. Het verminderen van algemene spierspanning in het lichaam door meditatie, massage, ontspanningstechnieken of het leren herkennen van spanningssignalen is van groot belang voor het verzachten van pijn.

*Waar ben je **vandaag** dankbaar voor, blij mee, trots op of tevreden over?
*Geef deze dag een **gelukscijfer**:

10 december

De meeste specialisten op het gebied van visualiseren benadrukken het gebruik van *positieve* beelden. Je ziet je wensen voor je alsof ze al zijn uitgekomen. Iemand die bijvoorbeeld rechten studeert, ziet vanaf de eerste studiedag al voor zich dat zij een bloeiende advocatenpraktijk heeft, zij is al advocaat. Het enige wat zij in de werkelijkheid nog hoeft te doen is stapje voor stapje naar haar doel toe werken.

*Waar ben je **vandaag** dankbaar voor, blij mee, trots op of tevreden over?
*Geef deze dag een **gelukscijfer**:

11 december

Zelfmotivatie betekent letterlijk 'in beweging brengen, stimuleren'. Gemotiveerde mensen hebben plezier in hun leven, studie en werk, en blijven daardoor beter functioneren. Mensen hebben behoefte aan zelfverwezenlijking, ze willen uitdagingen aangaan, kennis verwerven en hun vaardigheden zo optimaal mogelijk benutten. Om met plezier jezelf te kunnen ontwikkelen en goede prestaties te (blijven) leveren is het van belang jezelf voortdurend te motiveren.

*Waar ben je **vandaag** dankbaar voor, blij mee, trots op of tevreden over?
*Geef deze dag een **gelukscijfer**:

12 december

Risico's moeten genomen worden, want het allergrootste gevaar is geen enkel risico te durven nemen. Zonder risico's ontwijken mensen wellicht tegenslag en verdriet. Maar dan wel zonder te leren, te voelen, te veranderen, te groeien, lief te hebben en te leven. Als slaaf geketend aan hun angstige houding, hebben ze hun vrijheid opgegeven. Echte *vrijheid* bestaat alleen voor degene die risico's durft te nemen.

*Waar ben je **vandaag** dankbaar voor, blij mee, trots op of tevreden over?
*Geef deze dag een **gelukscijfer**:

13 december

Pas taakbevorderende *gedachteconditionering* toe. Noteer een anti-uitstelgedachte op een kaartje en voeg er elke dag een nieuwe aan toe. *Bijvoorbeeld*: dag 1: iets doen voelt beter dan niets doen, dag 2: ik test nu de mate waarin een lastige taak me voldoening kan geven, dag 3: persoonlijke groei, voldoening, beloning en motivatie volgen na activiteit. Etcetera.

*Waar ben je **vandaag** dankbaar voor, blij mee, trots op of tevreden over?
*Geef deze dag een **gelukscijfer**:

14 december

Verslavende *verleiders* zijn *afleiders*. Ze leiden je op den duur af van het werkelijke probleem. Het gaat om de *reden waarom* je bijvoorbeeld teveel drinkt: onzekerheid, minderwaardigheidsgevoelens et cetera. *Daar* moet je aan werken, *dat* moet je onder ogen zien. Anders zal de verleider een afleider blijven en blijven jij en je omgeving erin gevangen.

*Waar ben je **vandaag** dankbaar voor, blij mee, trots op of tevreden over?
*Geef deze dag een **gelukscijfer**:

15 december

Wie zich in een ander kan verplaatsen en de gevoelens van een ander accepteert, zal sneller ervaren dat de ander ook actief wil zoeken naar oplossingen waar je allebei je voordeel mee kunt doen. Onbegrip verhoogt de muur van verzet, empathie (op gevoelsniveau iemand begrijpen) laat alle vormen van weerstand en verzet sneller weer verdwijnen.

*Waar ben je **vandaag** dankbaar voor, blij mee, trots op of tevreden over?
*Geef deze dag een **gelukscijfer**:

16 december

Geluk weegt zwaarder dan gelijk. Veel mensen blijven dezelfde dingen denken, zeggen en doen terwijl het geen enkel positief effect op hun partner heeft. Ze herhalen bijvoorbeeld tot vervelends toe dat zij het toch echt allemaal beter weten en doen in hun leven. Je boven de ander plaatsen voedt eventuele vijandigheid en schept ongewild meer afstand. Wellicht is het handiger en effectiever om vaker te experimenteren met begrippen als tolerantie, begrip en meeleven met de ander.

*Waar ben je **vandaag** dankbaar voor, blij mee, trots op of tevreden over?
*Geef deze dag een **gelukscijfer**:

17 december

Je ontwikkelt een hoopvolle houding door: -gericht te blijven op (zelf)controle; -uithoudingsvermogen en veerkracht te tonen; -je te richten op oplossingen, *niet* op beschuldigingen; -je te beperken tot de feiten; -in staat te zijn tot relativeren; -optimistisch terug te kijken naar eerdere uitdagingen.

*Waar ben je **vandaag** dankbaar voor, blij mee, trots op of tevreden over?
*Geef deze dag een **gelukscijfer**:

18 december

Realistisch denken betekent dat perfectie niet bestaat. Verdedig jezelf tegen je interne criticus zoals de beste topadvocaat dat zou doen. Laat ruimte voor fouten. Je mág moe zijn, even niet opletten of even niet 'in vorm' zijn.

*Waar ben je **vandaag** dankbaar voor, blij mee, trots op of tevreden over?
*Geef deze dag een **gelukscijfer**:

19 december

Het beheersen van boosheid begint met het stellen van een paar 'afkoelingsvragen' direct nadat je je boosheid voelt opkomen: **K**an ik zien wat me precies kwaad maakt? **O**verdrijf ik de ernst van deze situatie? **E**erst nagaan of ik in mijn recht sta! **L**ukt het me nu om op de juiste manier te reageren? Na het beantwoorden van *alle vier* de vragen kun je beslissen of je alsnog iets met je boosheid wilt doen.

*Waar ben je **vandaag** dankbaar voor, blij mee, trots op of tevreden over?
*Geef deze dag een **gelukscijfer**:

20 december

Daten: leer eerst iemand kennen, maak vervolgens een paar neutrale afspraken. Kijk of er zich een vriendschap kan ontwikkelen en wellicht dat er in een later stadium ook liefde op kan bloeien. Hevige verliefdheid op het eerste gezicht is niet altijd een goed teken. Vriendschap en liefde die zich wat geleidelijker aan kunnen ontwikkelen, hebben op de lange termijn vaak een betere kans van slagen.

*Waar ben je **vandaag** dankbaar voor, blij mee, trots op of tevreden over?
*Geef deze dag een **gelukscijfer**:

21 december

Winter: rust, terugtrekken en bezinning. Buiten koud, binnen warm. Ruimte om stevig door te werken maar ook tijd voor familie en vrienden. Samen de feestdagen vieren. Aansterken en nadenken over je leven. Voorbereiden op een nieuw begin. Filosoferen over je wensen en waarden. Wat telt echt in je leven, waar gaat het allemaal om? Angst voor verandering. Blijft het buiten koud, donker en moeilijk? Midden in de verandering is de angst het grootst, wordt het echt beter?

*Waar ben je **vandaag** dankbaar voor, blij mee, trots op of tevreden over?
*Geef deze dag een **gelukscijfer**:

22 december

Blijf bij je plannen. Overgang van het oude naar het nieuwe. Moeilijkheden vragen optimisme en doorzettingsvermogen. Bij zwaar weer kun je geneigd zijn terug te willen naar het oude of het nieuwe af te keuren. Hoe kun je je motivatie op peil houden? Luister naar mensen die succesvol dezelfde veranderingen hebben doorstaan. Haal energie uit boeken, muziek en andere inspiratiebronnen. Schrijf over je moeilijkheden, praat erover met vertrouwde personen. Op het moment dat een verandering bijna voltooid is willen mensen vaak opgeven omdat ze niet verder durven te kijken.

*Waar ben je **vandaag** dankbaar voor, blij mee, trots op of tevreden over?
*Geef deze dag een **gelukscijfer**:

23 december

Elk mens heeft kwetsbare, gevoelige kanten. Wie onaangename gevoelens krampachtig wil wegdrukken of verdoven, verliest het contact met zichzelf. Ook al lijkt het handig om nare emoties uit de weg te gaan, verstoppertje spelen voor jezelf gaat altijd ten koste van het vrij kunnen beschikken over ál je mogelijkheden. Bespreek je emoties met iemand die je echt durft te vertrouwen. Zoek bescherming en troost, ook bij jezelf.

*Waar ben je **vandaag** dankbaar voor, blij mee, trots op of tevreden over?
*Geef deze dag een **gelukscijfer**:

24 december

Iedereen die gestudeerd heeft of carrière heeft gemaakt weet hoe vaak je genoegen zult moeten nemen met weinig begerenswaardige posities voordat je verder mag. In plaats van verwend 'nee' te zeggen zou je alle voorbereidingen op een goed eindresultaat ook kunnen zien als een test voor geduld, uithoudingsvermogen en frustratietolerantie.

*Waar ben je **vandaag** dankbaar voor, blij mee, trots op of tevreden over?
*Geef deze dag een **gelukscijfer**:

25 december

Positieve energie heeft als belangrijke eigenschap dat je paradoxaal genoeg zonder er expliciet om te vragen altijd meer zult krijgen dan je ooit nodig zult hebben. Zoek niet zo krampachtig naar meer – het komt vanzelf naar je toe. Wie steeds meer eist en najaagt zal juist door die strijd veel lastiger een gevoel van voldoening kunnen bereiken.

*Waar ben je **vandaag** dankbaar voor, blij mee, trots op of tevreden over?
*Geef deze dag een **gelukscijfer**:

26 december

Mag je niet voelen wat je voelt? Stel dat je minder emotioneel perfect door het leven zou gaan, meer jezelf durfde te zijn? Zou dan echt niemand je meer aardig of aantrekkelijk vinden? Welke angstfantasieën houden je gevangen? Mag je laten merken wat je voelt en dwars zit, zonder angst voor afkeuring? Behoefte aan menselijk warmte is niet hetzelfde als heel je gedrag afstemmen op de steeds veranderende verwachtingen van een ander.

*Waar ben je **vandaag** dankbaar voor, blij mee, trots op of tevreden over?
*Geef deze dag een **gelukscijfer**:

27 december

Schrijven is een waardevolle uitingsvorm. Beschrijf wat belangrijk is in je leven, wat je *geleerd* hebt, wat je *gevormd* heeft, wat je *waardeert* en wat je graag aan anderen *door zou willen* geven. Schrijven over je gevoelens, gedachten en gedrag is supergezond. Het helpt je om je beter te voelen. Kun je er een goede gewoonte van maken om regelmatig tijd te reserveren voor het beschrijven van je belevenissen? Een paar minuten kan al voldoende zijn. Het zal je zeker goed doen.

*Waar ben je **vandaag** dankbaar voor, blij mee, trots op of tevreden over?
*Geef deze dag een **gelukscijfer**:

28 december

Dwing jezelf niet anders te zijn dan je op dit moment bent. Belangrijker is wat je kunt leren van je huidige omstandigheden. Hoe zou je leven eruit zien als je kon leven met de volgende gedachten: *'Ik ben onschuldig, ik ben waardevol, ik heb voldoende controle, ik ben veel meer dan mijn kwetsbaarheid en het is veilig in mijn leven.'* Mag je nog genieten van het leven? Sta je bewust stil bij de prachtige seizoenswisselingen? Merk je ze überhaupt nog op?

*Waar ben je **vandaag** dankbaar voor, blij mee, trots op of tevreden over?
*Geef deze dag een **gelukscijfer**:

29 december

Ontwikkeling kost inspanning, maar het loont de moeite je sterkste punten optimaal te benutten. Als voorbeeld voor jezelf, wanneer het iets minder gaat, en voor anderen die na jou komen. Zorg voor een gunstig 'groeiklimaat', biedt kansen en ervaringen waaruit blijkt dat je gelooft in positieve verandering en vooruitgang. Elke dag opnieuw. Het leven wordt mooier en mensen voelen zich beter zodra ze in de gaten krijgen dat ze zichzelf mogen zijn.

*Waar ben je **vandaag** dankbaar voor, blij mee, trots op of tevreden over?
*Geef deze dag een **gelukscijfer**:

30 december

Zodra je toelaat dat je je volledige potentieel mag benutten, zul je door een *groot rookgordijn van angst* moeten durven stappen. Het antwoord op deze angst is simpel: helder denken, helder zien, helder voelen en helder handelen. Ontken je gevoelens niet, maar stap er kalm overheen, adem rustig en maak zo ruimte voor positieve opwinding, nieuwe energie en meer welzijn.

*Waar ben je **vandaag** dankbaar voor, blij mee, trots op of tevreden over?
*Geef deze dag een **gelukscijfer**:

31 december

Je kunt je eigen therapeut worden, zoeken naar lichtpuntjes. Selecteren wat je wel of niet toelaat, bijsturen. Vriendelijkheid en compassie zijn te trainen, uit te bouwen en te verbeteren. Warme woorden hebben geneeskracht. *Negatieve emoties zijn niet te ontwijken;ze lossen het snelst op als je ze ervaart, accepteert en vervolgens weer loslaat.*

*Waar ben je **vandaag** dankbaar voor, blij mee, trots op of tevreden over?
*Geef deze dag een **gelukscijfer**:

Meer informatie

Dagelijks sterk is gebaseerd op de volgende zelfhulpboeken van Fred Sterk en Sjoerd Swaen:

-Denk je sterk
-Ruimte voor jezelf
-Samen sterker
-Positieve zelfmotivatie
-Sterk in je werk
-Voel je goed
-Overwin tegenslag
-Een droomleven
-Leven met een paniekstoornis
-Leven met een dwangstoornis
-Leven met een piekerstoornis
-Omgaan met studiefaalangst

Psychologen Fred Sterk en Sjoerd Swaen zijn, naast hun werk als psychotherapeut, auteurs van een reeks succesvolle zelfhulpboeken. Hun boeken worden op grote schaal gebruikt als 'motivatieboeken' in de hulpverlening, voor studenten en in het bedrijfsleven.

www.sterk-swaen.nl